何のためにしご本を読むのか

新しい時代に自分と世界をとらえ直すヒント

齋藤　孝

青春新書
INTELLIGENCE

はじめに

「人と会えない」

「集まれない」

「自由に移動できない」

「いつ元通りになるか、わからない」

……こんなにも先行きが不透明で、二人三脚のように不安に縛られる時代になるとは、誰が想像したでしょうか。

しかし、**何かあったときや、**

「やりたいことができるというのは、当たり前ではなかったんだ」

「自分の命というのは永遠ではなく、限られているんだな」

と思ったとき、教養を深めたい、自分自身を磨きたいというポジティブな想いは、むし

ろ湧きあがってくるのです。

これからは教養が大事になると、なんとなく聞いてはいた。でも、「いつでも始められる」、「そのうちに」と思えてしまうから、なかなか真剣になれない。

しかし、

「こういうことが起こるとは」

「世界がこんな状態になるということがありうるのか……」

と、**精神に活を入れられた瞬間に、スイッチが入ります。**

そのエネルギーをどこに向けるか。

ぜひ読書に振り向けてほしいと思います。

世界が大きなターニングポイントにさしかかり、誰しもいろいろと考えたり、知りたくなったことがあるのではないでしょうか。

- 私たち人類は、これまでどんな危機に見舞われ、どうやって乗り越えてきたんだろう?
- ストレスの発散ができなくて、なんだかスッキリしないし、体もなまりがち

・仕事や生活にどんな影響が出てくるんだろう？
・世界は、これからどうなっていくのか……。
……皆どうしてるのかな。いい方法があれば知りたい

――読書は、こういった知的ニーズや疑問をしっかり受け止めてくれます。

とはいっても、膨大な選択肢から選ぶのはなかなか大変です。

そこで、**私が自信を持って全力でお勧めする本を題材に、変化の時代に必要な教養が自然に身につくきっかけとなるように読み解いたのが、この本です。**


この本では、これだけは読んだ方がいいという定番の名著をベースにしつつ、世界を広げてくれるものも取り上げました。

古典、数学、サイエンス系、動物の生き方など、なじみがなかったという人も多いかもしれませんが、**新しい世界を切り拓いていこうという前向きな気持ちこそ、精神に光を与えてくれるからです。**


「出かけられないなら、のんびり寝転がっていればいいや」とボーッと過ごしていたら、あ

っという間に10年や20年が過ぎてしまいます。

これまでの「当たり前」は永遠ではない、自分の命も有限なんだと身にしみてわかったことによって、**「たとえ人生があと一日しかないとしても、今日、教養を深めたい」と思うのが人間らしい生き方ではないでしょうか。**

なんとなく過ごせればいいや、ということではなく、一度きりだと改めて気づかされたこの人生を、できるだけ人間らしく全うしようとする生き方です。


人間らしいというのは、知的で教養に溢れた人生のことです。

趣味や人生の楽しみは、誰しもそれぞれお持ちだと思います。教養に溢れていなくても、もちろん価値のあるものです。

しかしこれを機に、知的で教養に溢れた人生にシフトしていく。線路のポイント（分岐）のように、**精神が緊張した今が、絶好のシフトチェンジのチャンスです。**


何でも自由にできた頃、かえって何をしたらいいかわからないという「精神のさまよい」に悩まされた経験がある人も多いかもしれません。

ここでチェンジすることによって、自分の中で眠っていたものにスイッチが入る。

そうすると、世界の見え方、ニュースの聴こえ方も変わってくると思います。アンテナが立つわけです。

知のアンテナを立てて、前向きな気持ちで人生をリスタートしましょう。

合言葉は、「明日死ぬかのように生きよ、永遠に生きるかのように学べ」（ガンジー）です！

齋藤 孝

3章 「これで生きていく」と言えるものが見つかる
——迷っても前に進める原動力を養う

4章　折れない心と体を手に入れる

――古典と絵本、漫画で「生きる力」を強化する

5章　世界を「新しい視点」でとらえ直す

――「当たり前」から離れると発見がある

1章　私たちは、どういう時代を生きているのか

――人類の過去～未来から「今」を知る

この章では**人類の過去から現在、さらに未来までを、俯瞰してとらえる視点**を養いましょう。

時代が大きく動いていて先行きが見通せないとき、あるいは予期しないアクシデントやトラブルに巻き込まれたとき、私たちは不安や焦りにとらわれます。そのせいか、近視眼的なものの見方にとらわれて、視野が狭くなってしまいがちです。

そうならないためには、いま起きている出来事をより客観的にとらえ、事態を正確に把握する必要があります。

それにはどうしたらいいのでしょう?

歴史をさかのぼって、人類はどのように変化や災厄を乗り越えて来たかを検証することが大事です。そこから、いま起きている出来事が今後どのようになっていくのか、どう対処すればよいかが見えてきます。

ユヴァル・ノア・ハラリの『ホモ・デウス』と、アルベール・カミュの『ペスト』

は、そのような視点を与えてくれる最適のテキストです。

『ホモ・デウス』は、人類がこれまでたどってきた歴史と現在、そして未来を分析した、壮大な文明評論です。

ハラリは飢餓、疫病、戦争の3つが、人類が向き合ってきた困難、悲劇だと指摘しています。それらを克服した後、人類はどこへ向かうのか？

『ペスト』は、14世紀にヨーロッパで猛威を振るったペストが、再びある町を襲うというストーリーです。疫病に直面した人々の様々な葛藤やドラマが繰り広げられます。

それはそのまま、今の世界の状況に重なって見えてきます。

いずれの作品も、「今」と「未来」を明らかにしてくれる優れた書であり、ぜひ読んでいただきたい作品です。それぞれの作品のポイント、それが意味することなどを、私なりの視点で解説していきましょう。

コロナが加速させた「変化」の本質をつかむ

――『ホモ・デウス』を読み解く

（ユヴァル・ノア・ハラリ著 柴田裕之訳 河出書房新社）

❖「飢饉・疫病・戦争」

「ホモ・サピエンス」は「知の人」「理性の人」と訳されます。ご存じの通り、私たち現生人類を指す言葉です。

ではタイトルの『**ホモ・デウス**』とは？

デウスとは神のことであり、いわば神に進化した人間のことです。

ハラリは、人間は明らかに神を目指し、神になりつつある存在だと言うのです。それは私たちが、人類の壁になっていた3つの厄災をクリアしつつあるから。

「二〇世紀の中国でも、中世のインドでも、古代のエジプトでも、人々は同じ三つの問題で頭がいっぱいだった。すなわち、飢饉と疫病と戦争で、これらがつねに、取り組むべきことのリストの上位を占めていた」

人類は「飢饉《ききん》・疫病・戦争」という3つの厄災によって多くの命を奪われ、存亡の危機に直面してきました。この3つの厄災をいかに克服するかが最大のテーマであり、人類に突きつけられた課題であったと著者は言います。

その3つの人類の大敵を克服しつつあるのが、第2次大戦後の現代社会だとハラリは指摘します。ところが著者も予期しなかったことが、その後起きてしまいます。

同書が発行され世界的ベストセラーになったのは、2018年から2019年にかけてでした。ですから2020年初頭に中国で感染爆発が起き、その後世界中に広がってパンデミックとなった新型コロナウイルスによる感染症の影響は、同書では考慮されていません。

では、同書はすでに読む価値を失ってしまったのでしょうか?

結論から言うと、そんなことはありません。むしろ「ウィズコロナ」、「アフターコロナ」を考える上で、ハラリの問題提起はとても重要な意義を持っています。

まずは『ホモ・デウス』の内容を辿ってみましょう。

❖ 神になろうとしている

3つの厄災をどうにかこれまで抑えることを可能にしたのは、すべて人間が生み出した科学とテクノロジーによるものです。

大敵を克服した後、人類は次に何を目指すのか？

「人間は至福と不死を追い求めることで、じつは自らを神にアップグレードしようとしている」

ハラリの仮説によると、テクノロジーの発達と人間の意識の変化によって、人間は不老不死を求め、「神になることを目指す」というのです。

「遺伝子工学や再生医療やナノテクノロジーといった分野は猛烈な速さで発展しているので、ますます楽観的な予言が出てきている。人間は二二〇〇年までに死に打ち勝つと考える専門家もいれば、二一〇〇年までにそうなるとする専門家もいる」

科学とテクノロジーの進歩によって、生命を少しずつでも延長することが可能になってきています。あと100年もすれば、本当に人間は不死になるのでしょうか？

科学者や技術者は、常に進歩を目指すものです。倫理的な制約、政治的な制約、多くのハードルがあるにせよ、人間は不老不死への挑戦を続けるだろうと言うのです。

生命すらコントロールできるようになれば、人々の意識は、さらに大きく変わるでしょう。ハラリの言うように、人間は神の座に近づきつつあるのかもしれません。

❖「新型コロナウイルス」が突きつけたこと

この衝撃的な本が発行されたのは２０１５年でした（日本語版は２０１８年９月）。ところが先に触れたように、２０２０年に入って状況が大きく変わってきました。新型コロナウイルスによる感染症の世界的な感染拡大、パンデミックです。

著者のユヴァル・ノア・ハラリは２０２０年４月に行われたＮＨＫ「ＥＴＶ特集」のインタビューで、事態は深刻だが、人類は必ずこのパンデミックを克服するだろうと答えています。

彼は恐れるべきはウイルスだけではなく、それがもたらす社会的、政治的な変化だと指摘しています。

緊急事態の中で、**政府の権限の拡大**と**民主主義の危機**が訪れることです。

実際、ハンガリーでは非常事態宣言を首相が無期限延期にする権限を手にし、間違った情報を流した人物を逮捕することができる法律がつくられました。

また、街中に監視カメラが設置され、GPS機能によって今誰がどこに行ったか、どんなものを買ったか、どんなやり取りをしたか、国家が把握できる国もあります。

じつに恐ろしい。

非常事態だ、命を守るために必要だということで、この監視体制は一気に拡充できた。感染が終息したとき、権力はこの「市民をくまなく監視できる旨味」を手放すだろうか？終息後も監視システムは残るわけです。本来なら市民が権力を監視しなければならないのに、反対に、権力が市民を監視できるようになる。しかもAIによって徹底的に。

国民の人権もプライバシーも危うい。国家に反逆しそうな人間を監視して、追跡することができるのです。

危機の時代こそデモクラシーが大切であり、権力の暴走、テクノロジーの暴走に歯止めをかけるチェック機能が大事だとハラリは言います。

❖「まったく違う終着点」とは？

さて、話を戻しましょう。

人間が神を目指すという話です。じつはその目的と試みが、予期せぬ変化によってまったく違った結果になる可能性があるとハラリは警告します。

「現時点では、不死と至福と神性は私たちの課題リストの上位を占めているように見えるかもしれない。だが、これらの目標の到達に近づいたら、その結果として生じる大変動の数々のせいで、私たちは道を逸れ、まったく違う終着点へ向かう恐れがある」

ホモ・デウスを目指していた人類が、最後にどんでん返しに見舞われる⁉　一体、どんな終着が待っているというのでしょう？　それを様々な角度から解き明かすのが『ホモ・デウス』を書いた目的だとハラリは言います。

ハラリの論理展開は、読者を引き込みます。それは彼が2つの知の座標軸を持っているからだと考えられます。

ひとつは、歴史的な座標軸です。人類の未来を予測するためには過去にさかのぼり、その流れを知ることが大事です。

もうひとつは、空間的というか、同時並行的な知の蓄積を横断する思考です。彼の理論は生物学、医学、脳科学から社会学、経済学、心理学に及び、さらにAIやバイオテクノロジーなど最新の科学技術にまで、幅広く横断します。

この2つを駆使するからこそ、彼の話は自由に時空を飛び越え、ダイナミックでエキサイティングな一つの物語として読むことができるわけです。

彼の雄大な文明評論を楽しむうちに、人類の未来がじつは抜き差しならない地点に達していることに気づかされます。

「農業革命の間に、人間は動植物を黙らせ、アニミズムの壮大なオペラを人間と神の対話劇に変えた。そして科学革命の間に、人類は神々まで黙らせた」

神々まで黙らせた後、人類はどうなるのか？　じつはＡＩや情報ネットワークの拡充によって、ついに人間が主役の座を奪われる。**神を黙らせた人間は、ついに人間の作り出したものによって、自身が黙らされることになる**というのです。

❖人間なんてショボいもの？

最新の脳科学では、人間の意識と行動自体が、膨大なアルゴリズムで表現できるとしています。

「人間の心はアルゴリズムの塊？　そんなことはない。芸術など、高度な精神性を必要とする創造的な活動は、人間にしかできない」……そんな声も聞こえてきそうです。

ところがその最後の砦である芸術も、どうやら雲行きが怪しい。

バッハの作曲を真似る専門のコンピュータ・プログラムは、1日で5000曲のバッハ風の合唱曲を作曲するそうです。その曲をある音楽フェスティバルで演奏しました。

「聴衆のなかには熱狂的な反応を見せる人々もいて、感動的な演奏として褒め称え、その音楽が心の琴線に触れたと興奮した様子で語った」

人類が生み出してきた音楽の最高峰と言えるバッハのレベルに、耳の肥えた人が聴いても区別がつかないところまで、AIは進化しているのです。

音楽だけでなく、新聞記事や俳句を作るAIも誕生し、ほとんど人間が作ったものと遜色がないどころか、むしろ優れていると評価されるものも現れています。

こうなると「人間ってもしかして、ショボいんじゃないの？」という考えが首をもたげ始めます。

人間の自信を打ち砕くような芸当が可能なのは、膨大なデータとアルゴリズムがあるからです。アルゴリズムも結局データが基になっている。

するとデータこそ大事、データで何でも考えられるという風潮が生まれてきます。生物はしょせんアルゴリズムなのだ、人間の意識もアルゴリズムで再現できるという考え方です。

ハラリは「人間至上主義」に取って代わるのが**「データ至上主義」**だと喝破します。

「最も興味深い新興宗教はデータ至上主義で、この宗教は神も人間も崇めることはなく、データを崇拝する」

「データ至上主義では、森羅万象がデータの流れからできており、どんな現象やものの価値もデータ処理にどれだけ寄与するかで決まるとされている」

「情報の自由は人間に与えられるのではない。情報に与えられるのだ。しかもこの新しい価値は、人間に与えられている従来の表現の自由を侵害するかもしれない」

「情報の自由」とは、私たち人間が表現する自由ではなくて、情報が自由になりたがっている、情報自身が自由を求めているという指摘です。

映画『her 世界でひとつの彼女』では、インターネットで男性が女性と恋愛関係になります。ところが相手の女性はＡＩなのです。

そのＡＩ女性がとても魅力的な返答をしてくれる。男性はすっかり参ってしまうのですが、最後の場面で、とんでもない数の男の人を同時に手玉に取っていることが判明する。

膨大なデータとアルゴリズムをもとに、恋愛感情すらＡＩは学習する。そんな時代がもう来ているのです。

❖新たな全体主義が生まれる

人間はどうなるのか？　上巻でハラリが指摘しているのは、人間が**「共同主観」**をつくる動物であるということです。

例えば、お札《さつ》には客観的な価値はありません。１ドル札は食べることも飲むことも身につけることもできない。それにもかかわらず、何十億の人々がその価値を信じているかぎり、それを使って食べ物や飲み物や衣服を買うことができるのです。

共同主観をつくる動物だから人間は社会をつくり、繁栄することができた。共同主観とはお金や宗教がまさにそうであるように、お互いの取り決めであり、物語であり、虚構といってよいでしょう。

人間と人間社会は、つねにこの物語と虚構によって突き動かされているのです。

そこでハラリは大きな危険性を指摘します。

「私たちは二一世紀にはこれまでのどんな時代にも見られなかったほど強力な虚構と全体主義的な宗教を生み出すだろう。そうした宗教はバイオテクノロジーとコンピュータアルゴリズムの助けを借り、私たちの生活を絶え間なく支配する（後略）」

テクノロジーの進歩によって、主役の座からこぼれ落ちそうな私たち人類は、不安や不満から逃れるために、何かしら新たな虚構をつくる。

ただそれが何者かによって意図的につくり出されるとき、ＡＩなどのテクノロジーを駆使した、**予想もしなかったような全体主義の社会が到来する危険がある**と言うのです。

今回のコロナ禍によって、より一層の監視・管理社会が訪れつつあるとハラリは警鐘を鳴らしました。新たな全体主義の到来というハラリの危惧は、思いのほか早く現実化する可能性があるのです。

❖ハラリの裏テーマとは？

じつはハラリには同書に込めた裏のテーマがあります。人類の歴史的な必然として未来を予言することで、その予言を外れるように人々が選択し行動してほしいということです。

「歴史の知識のパラドックス」と彼は言います。

かつてカール・マルクスは『資本論』で資本主義の本質を見極め、資本家と労働者の階級闘争が歴史の必然として起き、いずれ労働者が主役の世界が訪れると予言しました。ところが皮肉なことが起こったのです。『資本論』があまりにも説得力のある予言であったため、変質したのは資本家の方でした。

「イギリスやフランスといった国々の資本主義者は、労働者の境遇を改善し、彼らの国家意識を強化し、政治制度の中に取り込もうと奮闘した。（中略）結果として、マルクスの予測は外れた」

知性とは、物事を相対化する力だと言うこともできます。

様々な知識を身につけることで、目の前で起こっていることが絶対的なものではないと知ることができる。別の見方があり、別の価値があり、別の選択肢がある。

歴史や社会を相対的に見ることで、私たちは将来の選択肢を増やし、運命を変えることができるのだと、ハラリは伝えたいのでしょう。

歴史から今に生かせるヒントを引き出す

――『ペスト』を読み解く

（カミュ著 宮崎嶺雄訳 新潮文庫）

❖ 忘れられていた疫病

『ペスト』という作品があることは知ってはいても、実際に読んだことがある人は少なかったのではないでしょうか？

ところが2020年、この本は品切れになるほどの売れ行きでした。この本に描かれているこ とがあまりにも今の世界の状況にそっくりで、まるで予言の書のように感じられたからでしょう。

ペストは歴史的に3回の大流行が記録されていますが、とくに**14世紀にヨーロッパで流行したときは、5000万人という膨大な犠牲者を出しました。**

1880年代にインドや中国で流行したのを最後に、その後、血清や抗生物質の登場でほぼ世界から駆逐されました。

本書は、その忘れられた疫病が、1940年代のアルジェリアのオランという小都市に突然襲いかかるという設定です。

大昔の病気だと思っていたが、再び襲われたら、なすすべがなかったという物語です。

❖73年前の予言

ペストが最後にヨーロッパで流行したのは中世の時代。それがもし現代社会で起きたらどうなるか？

「当局が事態を正視しているという証拠を引き出すことは困難であった。処置は峻厳《しゅんげん》なものではなく、世論を不安にさせまいとする欲求のために多くのものを犠牲にしたらしかった」

今回のコロナ禍も同じです。中国はもちろん、日本でもヨーロッパや米国でも、行政の初動は遅くなりがちでした。

主人公である医師のリウーは、死亡者が増え、病床数も医者も足りないこと、血清も不十分であることなどを心配しています。まさに今で言う医療崩壊の危機です。

そしてついに、都市は完全閉鎖、ロックダウンされてしまいます。

73年後の世界の状況を、カミュは見たのでは？　と思えるほどのリアルな記述に驚きます。

「一般のこの見捨てられた状態は、長い間には結局人々の性格を鍛えあげるべき性質のものであったが、しかし最初はまず人をつまらぬことに動かされる浮薄な人間にした」


神に見捨てられたかのような厳しい状況は、長く続けば人間を強くする。

しかしその前にまず、浮薄な人間にする。

大問題が立ちはだかっているのに、どうでもいいちっぽけなことに煩わされる。

浮ついた薄っぺらい人間にするというのです。マスクやトイレットペーパーの買い占めに奔走したり、マスクをしていない人をむやみに攻撃してみたり、現代もまったく変わっていない。カミュの洞察力が光ります。


ロックダウンされ閉塞した空間で、疫病の恐怖と闘う人間たちの気持ちや精神の動き、葛藤が実に鮮やかに描かれているのが、この小説の優れた点のひとつです。

❖「不条理」に直面した人間と社会

フランス領アルジェリアで生まれ育ったカミュは1940年代前半の一時期、ドイツ軍占領下のパリでレジスタンス活動を繰り広げ、戦後、作家として世に出ます。

人生の前半で二つの大戦を経験した彼は、世界が不条理に満ちていること、存在には意味も秩序もないことを実体験として痛感するのです。神なき時代に生きる私たちは、その不条理に向き合い、受け入れなければならない。

『異邦人』という彼の代表作では、母親の訃報を受けても悲しむことなく情事にふける主人公ムルソーが、友人のトラブルに巻き込まれ殺人を犯します。裁判でその冷酷さが糾弾された主人公は、殺人の動機を「太陽が眩《まぶ》しかったから」と言い放ちます。

また、**『シーシュポスの神話』**では、神の怒りを買ったシーシュポスが罰を受けます。大きな岩を山の頂上までやっとのことで運び上げたとたん、石がふもとまで転がり落ちてしまう。それを延々と繰り返す刑に処せられたというギリシア神話を題材にしたエッセーです。運び上げることを自ら覚悟することで、彼は「不条理の英雄」になるとされます。

いずれの作品も、この世の不条理というものを深く追求した内容ですが、『ペスト』も疫病という、これまた不条理極まりない厄災に直面した人間の心理や葛藤を描いた作品として、発表当初から大きな反響を巻き起こしました。

「天災というものは人間の尺度とは一致しない。したがって天災は非現実的なもの、やがて過ぎ去る悪夢だと考えられる。ところが、天災は必ずしも過ぎ去らないし、悪夢から悪夢へ、人間のほうから過ぎ去っていくことになり（後略）」

「ペストという、未来も、移動も、議論も封じてしまうものなど、どうして考えられたであろうか。彼らは自ら自由であると信じていたし、しかも、天災というものがあるかぎり、何びとも決して自由ではありえないのである」

自由や人権を前提とする近代以降の人間にとって、疫病の不自由さはとくに身にこたえます。まさに、今の私たちの姿そのものではないでしょうか。

❖自宅への「流刑」

さすがに世界的な文学者だけあり、カミュの表現は簡明ですが的確です。

「ペストがわが市民にもたらした最初のものは、つまり追放の状態であった」
「流刑といっても、大多数の場合、それは自宅への流刑であった」

私たちがコロナ禍で体験したのは、「3密」を避け、人との接触をできる限り断つこと。「自宅への流刑」、「追放」という言葉で表現されると、確かにその通りです。

そんな中、主人公のリウーと、それを取り巻く登場人物たちのやり取りは、不条理な状況下での人間の原型を見るようです。

新聞記者のランベールは、もともと地元の人間ではありません。仕事でオラン市を訪れているときに都市封鎖が行われ、戻れなくなったのです。

彼はなんとか市外に逃れるため、医師であるリウーの元を訪ね、ペストにかかっていない証明書を出してほしいと依頼に来ます。

しかしリウーは拒否します。ペストに罹患していないとは断言できないし、その場でシロだったとしても、市外に出るまでに感染しない保証もない。ランベールだけ特別に脱出を許可するわけにはいきません。

じつはランベールには最近できたばかりの恋人がいて、都市封鎖で別れ別れになってしまっているのです。規則と法律を盾に断るリウーに向かって、ランベールは言います。

「あなたには理解できないんです。あなたのいっているのは、理性の言葉だ。あなたは抽象の世界にいるんです」

❖「PCR検査数」の抱える矛盾

今回のコロナ禍でも、この具象（ミクロ＝個々人、それらの利益）と抽象（マクロ＝社会や国家、それらの利益）の問題がクローズアップされました。

医療崩壊を防ぐためには、ＰＣＲ検査数をある程度絞らないといけない。そのことは全体として、マクロの視点からは理解できます。

しかし、もし自分や身内が体調を崩し、感染が疑わしい場合はどうでしょう？「医療崩壊を防がなくてはいけない」というマクロな視点から、「仕方ない、しばらく検査は我慢しておこう」と納得できるでしょうか？

考えてみれば、**私たちの社会は、常にこの具象と抽象のせめぎ合いで成り立っています。**

政治や政策はマクロな視点になりがちです。

一方、私たち個々人にとっては、自分や家族などミクロの利益こそが最優先となります。

リウーに断られたランベールは、様々な方法を試みますが失敗し、挫折します。ところが物語の後半、意外などんでん返しが起きます。ぜひこの人物に注目してください。

❖神父と医師の違い

もう一人、重要な人物にパヌルー神父がいます。パヌルー神父は、ペストで脅かされている人々の前で説教をします。

降りかかる厄災は、悪に堕ち、反省しない人間たちに対する神の怒りであり、戒めであるというのです。

「反省すべき時が来たのであります。あなたがたは、日曜日に神の御もとを訪れさえすればあとの日は自由だと思っていた。二、三度跪坐《きざ》しておけば罪深い無関心が十分償われると考えていた。しかし、神はなまぬるいかたではないのであります」

現代社会で生きる私たちは、神父の話を信じ込むには知恵がつきすぎています。

だからでしょうか、小説の中のパヌルー神父の雄弁さは、どこか滑稽に感じられます。

リウーの立場は、神父とは当然違います。彼は親友のタルーの「神を信じていますか、あなたは？」という質問にこう答えます。

「信じていません。しかし、それは一体どういうことか。私は暗夜のなかにいる。そうしてそのなかでなんとかしてはっきり見きわめようと努めているのです」

不条理な出来事に対し、神を持ち出して簡単に説明するのではなく、人間の理性によって光を当て、その全体を明らかにしようと努力する。近代以降の人間であり、しかも医師であるリウーは、科学や医学の力で困難を克服する立場にある人間です。

❖少年の壮絶な死

印象的なのは、ペストにかかった少年の死の場面です。

予審判事のオトン氏の息子が感染し、病床で最後の瞬間を迎える場面です。リウーはもちろん、タルーやパヌルー神父も居合わせました。

あどけない少年は、やせ細った体で一晩中、苦しみの中、断末魔の叫びを上げ続けます。

延々と続く死との格闘の場面は凄惨を極めます。文学史上でも、これほど目を背けたくなるようなシーンはないと思えるほどです。あまりのむごたらしさに、神父はただひざまずき、うめくように「神よ、この子を救いたまえ」と祈るだけです。

なぜ罪のない子どもが、これほどの苦しみに遭わなければいけないのか？

神はこの現実をどう説明するのか？　私自身も聞いてみたくなります。


「まったく、あの子だけは、少なくとも罪のない者でした。あなたもそれはご存じのはずです！」


少年が命を落とした病室を後にする際、リウーはパヌルー神父に突っかかります。

この体験をきっかけに、パヌルー神父はそれまでの考え方を改めます。少年の神に対する信心の薄さや冒瀆《ぼうとく》の結果であるはずがないという現実に直面したのです。

❖ 現代も参考になる「保健隊」

絶望的な状況の中、明るい兆しは、友人のタルーや仲間たちが作った「保健隊」のエピソードでしょう。

タルーは行政主導ではなく民間主導の「保健隊」の必要性を説き、行政当局を批判します。

「彼らに欠けているのは、つまり想像力です。彼らは決して災害の大きさに尺度を合わせることができない。で、彼らの考える救済策といえば、やっと頭痛風邪に間に合うかどうかというようなものです」

行政は後手後手になりがちです。それを非難しても始まらない。行政とはそもそもそういうものだから、市民が自ら行動を起こす。それによって医師たちをサポートし、医療崩壊を防ごうと発足したのが「保健隊」です。

じつはタルーの父親は、次席検事という職業でした。その父親が被告に死刑宣告をした後、平気で家に戻り団らんしていたことに、タルーは衝撃を受けます。人間そのものがペストのように他人を侵し、傷つけたり死に至らしめる病原菌になっている！

「われわれは人を死なせる恐れなしにはこの世で身振り一つもなしえないのだ。まったく、僕は恥ずかしく思い続けていたし、僕ははっきりそれを知った——われわれはみんなペストの中にいるのだ、と」

ここにきて、話はペストという疫病の範疇を超えていきます。

重要なのは、自分自身が他者を傷つけたり、その命を奪ったりする、つまり自分自身が厄災になる可能性があるということなのです。
利己的な人だけではなく、すべての人が、他人に対して抑圧者になったり、暴君になったりしている。加害者となることを忌み嫌うタルーは、あえてその世界から自分を追放します。

「僕が人を殺すことを断念した瞬間から、決定的な追放に処せられた身となったこと、を知っている。歴史を作るのはほかの連中なのだ」

そんなタルーが唯一、社会と折り合っていける接点は何か？
リウーの質問に、彼は、「共感ということだ」と答えるのです。
彼は「保健隊」の活動と献身を通して、病に倒れる人だけでなく、一緒に働く仲間たちと「共感」する。そのことが、病と死の恐怖に打ち勝つ唯一の方法だと言うのです。

「人は神によらずして聖者になりうるか――これが、今日僕の知っている唯一の具体的な問題だ」

❖人間であることを決意する

それに対して、リウーは少し違います。

「僕は自分で敗北者のほうにずっと連帯感を感じるんだ、聖者なんていうものよりも。僕にはどうもヒロイズムや聖者の徳などというものを望む気持ちはないと思う。僕が心をひかれるのは、人間であるということだ」

先の『ホモ・デウス』で、ハラリは人間が神を黙らせた直後に、人間自体が神になろうとしていると論じていました。それに則して言えば、神を目指そうというのがタルーであり、あえて人間にとどまりたいというのがリウーということになるでしょうか。

そのリウーの印象的な言葉があります。前述した新聞記者のランベールが、保健隊の活動を一種のヒロイズムだと批判したのに答えたものです。

「今度のことは、ヒロイズムなどという問題じゃないんです。これは誠実さの問題なんです。こんな考え方はあるいは笑われるかもしれませんが、しかしペストと戦う唯一の方法は、誠実さということです」

誠実さとはどういうことかと詰め寄るランベールに、「僕の場合には、つまり自分の職務を果すことだと心得ています」と答えます。

❖知識と記憶で立ち向かう

疫病という不条理の世界を扱いながらも、この作品にニヒリズムの暗さはありません。運命を自らの手で変えていこうという前向きな明るさが漂っています。

あくまで理性の人であるリウーは、ペストが収まり、封鎖が解除になって人々が嬉々としている最中に一人、別のことを考えます。

「市中《まち》から立ち上る喜悦の叫びに耳を傾けながら、リウーはこの喜悦が常に脅やかされていることを思い出していた。なぜなら、彼はこの歓喜する群衆の知らないでいることを知っており、そして書物のなかに読まれうることを知っていたからである——ペスト菌は決して死ぬことも消滅することもないのであり、（中略）そしておそらくはいつか、人間に不幸と教訓をもたらすために、ペストが再びその鼠どもを呼びさまし、どこかの幸福な都市に彼らを死なせに差し向ける日が来るであろうということを」

警告的に終わる一節は、まさに今のコロナ禍を予言したものかのようです。

ペスト患者の苦しみはもちろんのこと、**患者になるまいとすることも、人間を絶望的な疲労に追い込んでしまう。**

ペスト患者になるまいと思えば思うほど、不安から解放してくれるものは死以外にはないという心境にならざるをえず、そのため終わりの見えない極度の疲労に苛まれてしまう。そういう意味で、**誰もがすでにペスト患者になっている。**現代にそのまま通じる話です。

作中の貴重な言葉に私たちは出会い、気づかされ、救われる。文学の偉大な力を示した作品です。

歓喜にわく人々を前に、知識と記憶が決定的に重要だと心に刻み、現実に立ち向かおうとするリウーから、私たちが学ぶところは大きいのではないでしょうか。

2章

本物の教養が〝知のスイッチ〟をオンにする

——一生持ち歩ける〝本質〟でサバイブする

悩みや困難にぶつかったとき、自分一人で悩み、苦労しているのは自分だけだと思うと、心が折れてしまいます。

でも、自分と同じような体験をした人がいると知れば、気力が湧いてきます。

さらに、的確なアドバイスをしてくれる知恵のある人が傍にいると、がぜん心強く感じます。

自分を応援してくれる「知恵のある人」がどのくらいいるか。先の見えないこれからの時代、この点が人生の質を大きく左右するはずです。

今生きている人だけではありません。書物の中にいる先人たちも、強い味方になってくれます。

偉人や聖人とされた先人たちの言葉に触れ、彼らも同じように悩み苦しみ、挫折したり失敗しながらも前進してきたことを知る。後に続く人たちにメッセージを送っていること、その受け手が今、まさに本に向かっている自分であることに気づく。

それがどんなに大きなエネルギーになることか。

私はよく**「2500年前の奇跡」**と呼んでいますが、この時代はインドでは**釈迦**

が、ギリシャでは**ソクラテス**や**プラトン**が、中国では**孔子**や**老子**といった賢人たちが次々に出現しています。現代の社会に根付いている宗教や思想のベースが、約2500年前に相次いで誕生しているのです。

人類最高の英知が同時代に次々と現れた。彼らの生の声を聴くことはできませんが、書かれたもの、書物を通じて、その思想や言葉に触れることができるのです。

ブッダでも、孔子や老子でもいい。もちろん最近の作家や思想家でもいい。自然科学に関する書物でもいい。どれだけの人格と英知を、書物を通じて自分の心の中に住まわせることができるでしょうか？

書物を通じて、優れた人を身近に感じ、心の中に住まわせる。私はそれを**「教養の森をつくる」**と呼んでいます。心の中に最強のメンターをたくさん住まわせるイメージです。一本や二本の木立ではなく、林でもない、鬱蒼とした「森」です。

心の中にいる偉人や英知を増やしていくうちに、まるで森のように豊かになっていきます。

森の中で私たちは彼らと対話する。するとどんなことが起きても、慌てたり怯えたりすることなく、向き合っていく力がつくのです。

知的な対話から驚き、気づき、勇気を得る

――『ソクラテスの弁明』を読み解く
（プラトン著　久保勉訳　岩波文庫）

❖「無知の知」で怨まれる

ソクラテスはご存じの通り、アテナイというギリシャのポリス国家で活躍した哲学者です。**「無知の知」**はあまりにも有名ですね。

当時アテナイを中心に、ソフィストと呼ばれる弁舌家が活躍しました。彼らは報酬を得て、裕福な家の子息に、相手を論破する強弁術、詭弁術を教えました。

当時は、弁論によって民衆を動かすのが政治家や知識人の役割。論理を巧みに操り、相手を打ち負かし、多くの人を扇動する力が求められました。ソフィストたちは、自分こそ知恵者であると持ち前の強弁で売り込み、高い報酬を得ていたようです。

しかしソクラテスには、彼らは小手先の技術論に終始し、名声とお金のために知者であることを装っている人たちのように見えたのです。

知恵があると評判の高い人ほど、自分は知者であるという自惚れや傲慢がある。ソクラテスは相手との問答を押し進めながら、じつはそういう人物が真理についてほとんど知らないということを暴いていきます。

公衆の面前でソクラテスの質問に答えられなくなり、恥をかかされた大御所たちはソクラテスを激しく怨み、憎むようになります。

❖ 2500年前の法廷問答が甦る！

ソフィストたちの怨みを買ったソクラテスは、70歳にして告訴され裁判にかけられます。余命いくばくもないソクラテスをわざわざ裁判にかけるというのも、よほど彼が恨まれ憎まれていた証拠でしょう。

『ソクラテスの弁明』は、そのときの裁判の様子を弟子のプラトンが後年書き著したもので、古典中の古典です。

当時の裁判は、原告と被告の本人同士がそれぞれ市民の前で弁論を行い、まず有罪か無罪かを多数決で決めます。有罪となった場合はその後、量刑を確定するための裁判が開かれ、1日で結審するのが通例でした。

それぞれに原告の弁論と被告の弁明が1回ずつ行われます。そのときのソクラテスの弁明を、ソクラテスの語りの形でプラトンが書き留めました。当時の裁判はこのように行われたのか、と知る上でも興味深く読めます。

ソクラテスは、1回目の弁明の中で巧みに告発者メトレスに質問を繰り返し、相手の論理的な矛盾を指摘していきます。

メトレスはソクラテスが神を信じておらず、若者をたぶらかし堕落させているという二つの罪で告発したのですが、いずれもソクラテスに論旨の矛盾を指摘され、逆に追い詰められます。

プラトンの創作の部分もあるでしょうが、おそらく現場にいた彼は、できるだけ忠実に当時の模様を書き留めようとしたのではないでしょうか。**プラトン以外にも記録に残した人がいるので、実際にこういう事件があったということです。**

2500年の歳月を隔てて、この偉大な哲学者の声を聞く。なんともぜいたくでエキサイティングなことだと思いませんか？

❖不正に不正で返さない

ソクラテスの話を聞いていると、彼がいかに真理と正義、そして知そのものを尊重しているかが伝わってきます。

彼は、知者を装って世間を欺くソフィストたちを論駁《ろんばく》することが自分の役割であり、それが神の意思だと信じて疑いません。それによって捕らえられ死を迫られるとしても、正義と真理を取ると断言します。

「アテナイ諸君よ、私は諸君を尊重しかつ親愛する者であるが、しかし諸君に従うよりもむしろいっそう多く神に従うであろう。そうして私の息と力との続く限り、智慧を愛求したり、諸君に忠告したり、（中略）例の私の調子で話しかけたりすることをやめないであろう」

たとえ死刑になろうとも、かりに釈放されたとしても、その基本的態度は変わらないというのです。いつの時代も、裁判にかけられた被告は少しでも刑を軽くしようと、ひたすら裁判官や陪審員たちに反省と悔恨の情を見せ、憐れみを請うものです。しかし、ソクラテスはいっさいそれを拒否します。

結局彼は陪審員の反感を買い、1回目こそ僅差での有罪だったものの、刑の重さを判定する2回目の裁判では、多数の差で死刑が確定します。

知と真理を愛し正義を貫くといっても、ここまで徹底していると、周りから見たらずいぶん面倒な人物だったはずです。ソフィストたちの気持ちもわからないでもない。

今でも、正論ばかり主張する人は敬遠されます。ましてその正論で相手を論破し、大勢の前で恥をかかせたりすれば、一生ものの怨みや憎しみを買う。

真理や真実を口にする者は、ときに嫌われ、憎まれる。本筋ではありませんが、ソクラテスの生き方とこの本の教訓を、そのような視点で捉えることもできます。

❖ 哲学は文字より対話にある

岩波文庫では『ソクラテスの弁明』とともに同じくプラトン著の『**クリトン**』が収められています。これも対話で進んでいきます（「対話篇」といいます）。

ソクラテスに心酔するクリトンは、師が無実の罪で死刑になることが耐えられず、脱獄を勧めます。

しかし師は拒否します。


「お前がこの世を去るなら、今ならお前は不正を（中略）加えられた者としてこの世を去るのだ。しかるにもしお前が脱獄して、無恥千万にも、不正に不正を（中略）加えるなら（中略）冥府の国法も、親切にお前を迎えてはくれまい」

死刑を受け入れれば、後も「不正を加えられた者」として語り継がれるだろうが、逃げ出したらただの不正者、脱獄者でしかなくなる。

不正を加えられても不正で返さないことが自分の生き方なのだと言うのです。

死刑の間際まで、弟子たちとそういうやり取り、対話を行い、周囲を感化する。ちなみにソクラテスは、自ら著作を残しませんでした。**真実の知性は、書かれた文字ではなく、対話の中にある**と考えたからです。

ソクラテスにとって、知の始まりは驚き、気づきです。**対話の中で驚いたり気づいたりする、それが哲学の始まりだ**と説いています。驚きや気づきのない対話は、いかにそれが激論に見えたとしても、クオリティとしてもうひとつということになるわけです。

ソクラテスは、プラトンはじめ若い人たちと存分に対話を楽しみました。プラトンの『**饗宴**』は宴会でお酒を飲みながら、参加者が順番に、エロスやアガペーといった「愛」について演説していく物語です。

何か壁に突き当たって行き詰まったとしたら、対話を楽しみながら、自分の内面の声を聴く。

そして「こうしよう」と思えたなら、何も恐れることはない。

そうした勇気の持ち方をソクラテスから学べる本です。

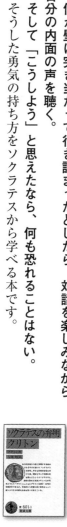

世界の歴史が「目」から頭に入る

――『山川 詳説世界史図録』を読み解く（山川出版社）

❖ 驚異のコスパ

「日本の歴史は大河ドラマや歴史小説でなんとなく頭に入っているけど、世界史はよくわからない。高校時代、世界史は習ったはずだけど、ほとんど忘れてしまっている」という人は多いと思います。

山川出版社は、ご存じの通り歴史の教科書を作っている出版社です。その山川の世界史の副読本は、ぜひ手元に一冊置いておくと良い本です。とにかくコスパがすごくいい！　**大判の360ページ**。**全ページカラー**で、先史時代から現代まで、世界の歴史を網羅しています。この1冊で世界の歴史とその流れが手に取るようにわかります。

副読本なので**写真**、**図版**、**年表などが多用されていて**、**図鑑感覚でパラパラめくって眺めているだけでも楽しい**。

教科書の時系列の解説だけでは捉えきれない世界の歴史を、視覚的に把握できるのは副読本の強みでしょう。

全体は時系列で「古代」、「中世」、「近世・近代」、「現代」の4部構成になっていますが、全体を通した共通テーマとして「特集」「同時代の世界」「地域の視点」という独立ページが挿入されています。

特集のひとつ、「病気の世界史」では、世界に影響を与えた感染症の歴史がわかります。**天然痘やペスト、マラリア、チフス、コレラ、梅毒、結核からインフルエンザまで、人類の歴史はまさに感染症との闘いの歴史でもあった。**写真や図版を見ていると、実感として理解でき、頭に入ります。

ほかにも、「イスラームの教え」、「カトリック教会と修道院」、「銀による世界の結びつき」、「アメリカ独立革命とフランス革命」、「一体化する世界」、「パレスチナ問題」、「おもな世界文化遺産」といった特集が組まれており、豊富な地図や写真でわかりやすく説明されています。日々のニュースで触れていた知識が、体系的にまとまってくるはずです。

これがたったの860円（税別 2020年8月時点）で手に入るのです！

手元に置いて、寝る前などにちょっと開いてみる。それだけで世界史の理解と興味が飛躍的に高まるはずです。

「宗教」を知れば世界の成り立ちがわかる

――『カラー版 徹底図解 世界の宗教』を読み解く

（島崎晋著 新星出版社）

❖わかりにくい宗教の世界がすっきりと理解できる

世界の宗教について知りたいとき、各出版社から出されている図解シリーズがお勧めです。中でも新星出版社の『**カラー版 徹底図解 世界の宗教**』は、カラーで図版や写真もふんだん。わかりやすくまとめられています。

まず第2章「宗教の基礎知識」では「宗教のはじまり～人はなぜ信じるのか」、「死後の世界と天地創造～人は死ぬとどうなるのか」、「今も続く宗教紛争、宗教問題～争いはなくならないのか」など、宗教の本質と問題を幅広く取り上げています。

第3章以降は「古代宗教の世界」、「キリスト教」、「イスラム教」、「仏教」、「中国の宗教」、「日本の宗教」と、世界の主要な宗教を各章ごとにまとめています。

各章とも、「開祖」、「聖典」、「教義」、「歴史」、「美術」などがページ単位でまとめられていて、非常に理解しやすい構成になっています。いずれも興味深い写真や図版、年表などを使い、視覚的に楽しみながら、それぞれの宗教の全貌がつかめます。

たとえばイスラム教では、スンナ派とシーア派の違いとはどういうものか？　第一次世界大戦以降のイスラム社会とイスラエルの関係によって、中東戦争の歴史はどうなったのかなど、この本を読めばかなり理解することができます。

中でも、「十字軍がもたらしたイスラム学問」という項目は面白い。

じつは**中世では、天文学、数学、化学の分野では学問が進んでいたのは西洋社会ではなくイスラム社会**なのです。

それが十字軍の遠征によって西洋社会にもたらされ、ルネサンスにつながっていきます。

そういうことを知ると、世界に対する認識がこれまでとは変わってくるでしょう。

多くの人は、世界の宗教についてあまり知りません。とくにイスラム教とかユダヤ教となると、なじみが少ない。

しかし今の世界の成り立ちや国際問題を考える上でも、知っておくことはとても有益です。

「心のコントロール」を人類最高の英知に学ぶ
――『ブッダの真理のことば 感興のことば』を読み解く（中村元訳 岩波文庫）

❖1日で読める

「法句経《ほっくきょう》」の名で知られている「真理のことば」（ダンマパダ）は、「感興のことば」（ウダーナヴァルガ）とともに、ブッダの言葉を集めたものです。

「求めよ、さらば与えられん」
「己を愛するごとく、汝の隣人を愛せよ」
「金持ちが神の国に入るよりも、駱駝《らくだ》が針の穴を通る方がまだ易しい」
「人はパンだけによって生きるのではなく、神の口から出るひとつひとつの言葉によって生きる」

……これはイエスの言葉ですね。たいていの人は知っています。

ではブッダの名言を10個言えるかというと……。

「あれ、日本って仏教国だったんじゃないの？　何を優先して知識を入れてきたのかな？」と思いませんか？「諸行無常」は、どちらかというと『平家物語』で有名になった言葉です。大本に戻ってみたいですよね。

私たちに身近なのはお経ですが、あれは仏典を漢訳したものを音読みしてるわけで、聴いても意味がわかりにくい。**漢訳を通してしか触れられなかった仏教を、原典に照らし合わせて日本語にした、かなり忠実な訳が出ています。**

それが『ブッダの真理のことば 感興のことば』で、まさにブッダが語った言葉を意味がわかるように訳したものです。

岩波文庫で1010円（税別 2020年8月時点）です。SNSやゲームをする時間を少し削れば、すぐにでも人類最高の英知に触れることができる！

しかも短いので1日あれば十分読める量です。

❖比喩と対句、おもしろい表現

「真理のことば」の最初の文章を見てみましょう。

「一　ものごとは心にもとづき、心を主とし、心によってつくり出される。もしも汚れた心で話したり行なったりするならば、苦しみはその人につき従う。――車をひく（牛）の足跡に車輪がついて行くように。

二　ものごとは心にもとづき、心を主とし、心によってつくり出される。もしも清らかな心で話したり行なったりするならば、福楽はその人につき従う。――影がそのからだから離れないように」

ブッダの教えの本質と、「真理のことば」の表現上の特徴が表れています。

仏教では、**世の中のすべては実体がなく空である**（色即是空）と教えます。私たちを取り巻くすべては私たちの認識、五感がとらえたものであり、そこから喜怒哀楽といった心の働きが生まれます。

苦しみや悲しみなども、心が生み出すものであり、私たちは実体のない「心」によって振り回されるというのが仏教の教えの根本です。

「真理のことば」は全26章423項目からなり、章ごとに「愚かな人」、「賢い人」、「老いること」、「楽しみ」、「愛するもの」というように、それぞれテーマが決められています。

文章表現にも特徴があります。ブッダの言葉は比喩が多い。「車をひく（牛）の足跡に車輪がついて行くように」とか「影がそのからだから離れないように」など、面白い比喩が全体的に駆使されています。

「一五二　学ぶことの少ない人は、牛のように老いる。かれの肉は増えるが、かれの智慧は増えない」

手厳しいですね。

さらに目立つのが対句形式です。先ほどの2つの言葉も、心の汚れた人ときれいな人を対比させています。リズム感があり、理解しやすい構成になっているのです。

❖心の動きがすべて

第二章「はげみ」の中の25項はよく知られるもので、私の好きな言葉です。

「二五　思慮ある人は、奮い立ち、努めはげみ、自制・克己によって、激流もおし流すことのできない島をつくれ」

表現がいいですね。**激流に流されない島をつくる。**

激流とは「深い輪廻《りんね》の海」のこと。私たちは、その輪廻から離れ、拠り所となる真理の境地としての「島」をつくらないといけない。欲望と煩悩の激しい流れから自分を守ろうということです。

「三三　心は、動揺し、ざわめき、護り難く、制し難い。英知ある人はこれを直《なお》くする（後略）」

「三五　心は、捉え難く、軽々《かろがろ》とざわめき、欲するがままにおもむく。その心をおさめることは善いことである。心をおさめたならば、安楽をもたらす」

心の状態が、私たちのすべてを支配しています。仏教は、心というものがどういうものかということを深く洞察します。**心ほど移ろい、動揺しやすく、不安定なものはないということが、繰り返し言葉を変えて強調されます。**

逆に言えば、心を制することができれば安定と安心が訪れる。考え方を転換し、自分の心を変えてしまえば怒りや憤りもなくなるし、苦しみや悲しみもコントロールできるというのです。

「五〇　他人の過失を見るなかれ。他人のしたこととしなかったことを見るな。ただ自分のしたこととしなかったことだけを見よ」

「八一　一つの岩の塊りが風に揺がないように、賢者は非難と賞賛とに動じない」

「八三　高尚な人々は、どこにいても、執着することが無い。快楽を欲してしゃべることが無い。楽しいことに遭っても、苦しいことに遭っても、賢者は動ずる色がない」

いまやネットも炎上に次ぐ炎上ですが、**他人よりも、自分のしたこと、しなかったことだけを見なさい**ということです。

ほめられたり非難されたりすることに、いちいち動じない。一喜一憂しない。

人がどう思おうが関係ないということです。自分で自分のしたこと、しなかったことに気を留めてやっていると、ほめられたりけなされたりすることが気にならなくなる。

SNS全盛の現代では、逆のことが起きています。人からどう思われるかを朝から晩まで気にして、他人の視線によって自分を評価してしまう。

それとまったく反対のことをブッダは言っています。人からほめられるか否かは関係ない。そのうえで、こう言っています。

「一〇三　戦場において百万人に勝つよりも、唯だ一つの自己に克《か》つ者こそ、じつに最上の勝利者である」

「一〇四、一〇五　自己にうち克つことは、他の人々に勝つことよりもすぐれている（後略）」

「一六〇　自己こそ自分の主《あるじ》である。他人がどうして（自分の）主であろうか？　自己をよくととのえたならば、得難き主を得る」

人との戦いではなく己に勝てということです。

人の目ばかり気にしていると、主が自分ではなくなってしまうと諫めています。

❖愚かな人の錯覚

ブッダは英知を持つようにと説きます。私たちは「愚かさ」を乗り越え「賢人」にならなければならない。「真理のことば」では、「愚かな人」はどんな人かを解説しています。

「六一　旅に出て、もしも自分よりもすぐれた者か、または自分にひとしい者に出会わなかったら、むしろきっぱりと独りで行け。愚かな者を道伴《づ》れにしてはならぬ」

旅というのは人生の比喩とすれば、人生を歩くのに自分より愚かな人間を伴侶にしてはいけないということでしょう。

「六二　『わたしには子がある。わたしには財がある』と思って愚かな者は悩む。しかしすでに自己が自分のものではない。ましてどうして子が自分のものであろうか。どうして財が自分のものであろうか」

所有していると思っているのは、じつは思い込み＝幻想であるということです。

「六三　もしも愚者がみずから愚であると考えれば、すなわち賢者である。愚者でありながら、しかもみずから賢者だと思う者こそ、『愚者』だと言われる」

ソクラテスの無知の知に通じるものがあります。**愚かな人ほど自分は賢人だと思いがちだ**というのです。

❖愛は苦しみの元凶

愛についても説いています。

緊急事態宣言や外出自粛などによって、多くの人が愛する人と自由に会えない状況がありました。そもそも「愛」とは何なのか？　深く考える良いきっかけかもしれません。

「二一〇　愛する人と会うな。愛しない人とも会うな。愛する人に会わないのは苦しい。また愛しない人に会うのも苦しい」

仏教の有名な言葉に「愛別離苦《あいべつりく》」、「怨憎会苦《おんぞうえく》」というのがあります。これはブッダが認識した人間の根源的な8つの苦しみの中の2つに当たります。

8つの苦しみとは、生老病死という基本的な4つの苦しみに、

「**愛別離苦**（愛しているものと別れる苦しみ）」

「**怨憎会苦**（憎んでいるものと一緒にいる苦しみ）」

「**求不得苦《ぐふとっく》**（欲しいものが手に入らない苦しみ）」

「**五蘊盛苦**《ごうんじょうく》（体や感覚が思うようにならない苦しみ）」

の4つが加わったものです。これが「四苦八苦」の本来の意味ですが、「愛する人と会うな。愛しない人とも会うな」というのはまさに「愛別離苦」、「怨憎会苦」の2つの苦のことを指しているのでしょう。

「二一二　愛するものから憂いが生じ、愛するものから恐れが生ずる、愛するものを離れたならば、憂いは存在しない。どうして恐れることがあろうか？」

愛や憎しみという感情があるから、人は悩み苦しむ。思い切ってその大元を断つというのが、仏教の基本的なスタンスです。私たちがこれを完全に実行するのは難しい。ただ、一つの考え方として自分の中に取り込んでおくといいと思います。

考え方の引き出しが増えれば、物事を客観的に、相対的にとらえることができます。

自分が悩んでいるとき、「ああ、自分は今ブッダの言う『怨憎会苦』の苦しみにいるんだな」とか、「結局、これは『求不得苦』で苦しんでいるんだ」と分析できるだけでも冷静になれるはずです。

❖意外に近くにブッダはいる

ブッダの考え方は理解できても、実践するのはなかなか難しそうに思えるかもしれませんが、日常生活の中でブッダ的な生き方をすることは不可能ではないと思います。

というのも、私の大学時代の友人など、「ブッダみたいな人だな」と感心する人が少なくないのです。彼らは忙しい立場なのに、不思議な落ち着きと余裕を感じさせるのです。

膨大な仕事を抱えているのに、涼しい顔をしている。出会ってから40年ほどたちますが、怒ったところを見たことがない。愚痴や陰口を言わないし、皮肉や嫌味も聞いたことがない。そういう人は、すべてのことが不思議にうまくいきます。

そういう人物になるには、何か特別の能力や才能、努力が必要なのでしょうか？

じつはそんなことはない、というのがブッダの考えです。

「一三三　荒々しいことばを言うな。言われた人々は汝に言い返すであろう。怒りを含んだことばは苦痛である。報復が汝の身に至るであろう」

「一三四　こわれた鐘のように、声をあららげないならば、汝は安らぎに達している。汝はもはや怒り罵ることがないからである」

「一八四　（中略）他人を害する人は出家者ではない。他人を悩ます人は〈道の人〉ではない」

「三六一　身について慎むのは善い。ことばについて慎むのは善い。心について慎むのは善い。あるゆることについて慎むのは善いことである（後略）」

他人に害を与えず、悩ませることがない人がブッダ（覚者）なのだと言います。

「慎み」という言葉はこの本の中で頻繁に出てきますが、いろんなことを慎むだけで、人格は高められるのでしょう。そして、こう言っています。

「一九八　悩める人々のあいだにあって、悩み無く、大いに楽しく生きよう。悩める人々のあいだにあって、悩み無く暮そう」

「一九九　貪《むさぼ》っている人々のあいだにあって、患い無く、大いに楽しく生きよう。貪っている人々のあいだにあって、貪らないで暮そう」

ブッダは決して遠い理想の存在ではないのです。

「争わない人」の豊かさと強さを知る

――『老子』を読み解く

（金谷治著　講談社学術文庫）

道教の祖である老子は、約2500年前、中国の春秋時代の人です。その思想哲学は今も私たちに影響を与え続けています。先の見えない時代、老子の教えは注目されるべきでしょう。

❖「道」とは何か

老子は**「無為自然」**ということを強調します。

天地の根源から力が溢れている。この力を**「道」**と呼んでいます。

何もしないで自然に任せ、「道」に則っていれば、おのずとすべてがうまくいくという考え方です。

といっても、ただボーッとしていればいいというのではありません。肩の力が抜けた自然体であれということです。これが難しいのです。たいていの人は何かをしようとすると、どこか力んでしまうでしょう。

さらに、理屈で考えすぎないということも、無為の大事な要素です。

これもまた現代人には難しい。「こうすればいいのでは」と思って色々とやってみても、なぜかうまくいかないというのは誰しも経験があると思います。

老子から見ると、ノウハウに頼ったり、人によく思われたい、評価されたいという思いが強くなっていて、本来の「道」、宇宙の原理からそれてしまっているのかもしれません。


「道の道とすべきは、常の道に非《あら》ず。名の名とすべきは、常の名に非ず」


老子のいう**「常の道」**とは、人間の世界の道徳や倫理ではありません。宇宙と自然を貫く真理のことです。

日常にとらわれているうちは、宇宙の本質ではなく、そこから派生する末端の現象を見ることしかできないというのです。

コロナ禍だけでなく、いま各国で貧富の格差や人種差別などの矛盾が噴出し、騒然としています。自然の道を外れた人間たちが、末端の現象にとらわれている姿として老子は見ているかもしれません。

「天下みな美《び》の美たるを知るも、斯《こ》れ悪《あく》のみ。みな善《ぜん》の善たるを知るも、斯れ不善《ふぜん》のみ」

老子はあらゆる価値観を疑います。「世の中で美しいとされるものは醜いものだ。善とされていることも、じつは善くないことだ」というのです。

なんとも大胆不敵ですね。

この考えを、老子は過激にどんどん進めます。有は無を前提としており、無も有を前提としている。難しいとか易しいというのも、比較の問題です。長短も高低も前後も、いずれも何かとの比較で成り立っている。

すると、**すべての価値観は相対的であり、依存し合っている関係だとわかる。**

このことを知れば、もはや目の前の現象に惑わされることがなくなる。すべては相対的で絶対ではないのだから、固執する必要がない。

今のように「世界恐慌以来」といった見出しが躍るような世の中になると、努力してもなかなか思ったような成果が得られず、空しくなりがちです。

しかし老子は、成果が出ることが必ずしも良いとは限らない、価値が相対的であることに気づくかどうかが大事だと言っているのです。

❖孔子の「仁」との違い

キリスト教でも仏教でも、世界の多くの宗教は、人間が善い行いをすれば幸せになり、悪い行いをしたらその報いを受けると教えます。

また、現代社会に生きている私たちは、「正しい努力は報われるべきだ」と考えます。

老子はここでもきっぱりと、人間の甘い考えを否定します。

「天地は仁ならず、万物《ばんぶつ》を以て芻狗《すうく》と為《な》す」

芻狗とは祭礼に用いられる、藁で作った犬の人形です。祭礼が終われば藁くずとして捨てられます。

天地によって生み出されたものは、私たち人間を含め、すべて芻狗にすぎないというのです。天地の自然の働きには、仁（＝慈愛）などというものはない。

仁というのは孔子の基本思想ですが、老子はそれすらも人間が生み出したものと言います。自然の摂理はそんな甘いものではなく、あらゆるものを生み出しながら滅ぼしていく、永久の運動があるだけだというのです。

「そんな！」という感じですが、たしかに天変地異や疫病などの厄災は突然、無慈悲に私たちを襲います。

先に触れた『ペスト』では、その不条理と向き合い、できる限り戦う人間の姿が描かれていました。現代に生きる私たちには、カミュのヒューマニズムも大事でしょう。人間として自立し、人間としてできる努力をし続ける。その一方で、どこかで老子のような見極め、諦念も必要なのかもしれません。

コロナ禍のような厄災に人類一丸で対抗する。同時に、自然の無慈悲な姿、運命を受け入れる。両方の考え方を持っていることが、強さにつながると思います。

❖水のように生きる

無為自然に生きるとは、どんな生き方なのでしょうか？　老子は水にたとえます。

「上善《じょうぜん》は水の若《ごと》し。水は善《よ》く万物を利《り》して而《しか》も争わず。衆人の悪《にく》む所に処《お》る。故に道《みち》に幾《ちか》し。（中略）／夫《そ》れ唯《た》だ争わず、故に尤《とが》め無し」

真実の善とは水のようなものだ。老子の有名な言葉ですね。

水は万物の成長を助けて、しかも競い争うことがない。器に合わせて形を変え、多くの人が嫌がる低い場所に向かって流れる。対立せず争わない。その姿はまさに「道」そのものだというのです。

水のように形を変えながら、自然に生きる。水が一番いい働きをするということで、水をイメージして人間関係を考えていただくと、無理なく生きられるのではないでしょうか。

頑張ろうと思うあまりどこか力んでいる人、人とトラブルを起こしたくない、よく思われたいと気を使いすぎている人は、水の流れのように自分自身をセッティングするといいかもしれません。

力まない、怖がらない、我を張らない。

相手がものすごく喋りたがりだったら、喋らせておく。
無口な人には無口にさせておく。

無理に相手を変えようとせず、相手と状況に合わせて自分が形を変えていく。

私の場合でいえば、講演のように「1時間半、みっちり喋ってください」と頼まれれば、早口で話します。

ところがテレビ番組でコメンテーターをするときは、1時間の番組でも実際に喋るのは15秒×3〜4回ほどです。この場合はそういう役割として、「上善は水のごとし」と考える。

与えられた役割に応じて柔軟に変えることが大事です。いつでも「自分が喋りたい」だと、自分も周囲も疲れます。

❖「足るを知る」

ある調査によると、世界の人口のうち、資産額で見た場合の下半分である36億人が保有する分は、世界のトップ富裕層26人が保有する分に等しいそうです。

そんなに稼いでどうするの？　と思いますが、もっともっと欲しいと、「足る」を知らないのが資本主義社会の実態なのです。

「禍《わざわ》いは足《た》るを知らざるより大なるは莫《な》く、咎《とが》は得《う》るを欲するより憯《いたま》しきは莫し。故に足るを知るの足るは、常に足る」

満足することを知らないことが禍であり、何かを得ようと貪ることが一番の罪であると、老子は言います。

世界の富裕層は、老子によると足るを知らない人々ということになります。

野生動物は自分たちが食べる分以上に狩りをしたり、草を確保しようとはしません。自然は常に足るを知っているのです。

私などはサウナに入った後、スポーツ観戦をしながら餃子をつまむのが最上の幸せです。衣食住、すべてにわたってある程度のところで満たされ、足るを知ることが、じつは一番幸せなことなのだと老子は言うのです。

❖柔らかく生きる

柔らかさを大事にと説くのが、老子の特徴です。

「其《そ》の雄《ゆう》を知りて、其の雌《し》を守れば、天下の谿《けい》と為《な》る」


谿とは、世界の万物が集まってくる谿《たにま》。

男性原理だけだと、マウンティングが起こり、競争になりがちです。こういう「強い者が勝つ」という弱肉強食とは違う**「柔弱は剛強に勝つ」**という原理を老子は説きます。

堂々とした大樹も、嵐が来ると風をもろに受けて倒れてしまったりします。ところが草は倒れない。柳も倒れない。

赤ちゃんも、高い所から落ちても意外に無事だったということがあります。体の柔らかさがかわいらしさになるという意味でも、生きていく強さを持っていると言えます。

弱くて柔らかいのは良いことであるという見方に目覚める。

「これをやらなきゃ、あれもしなきゃ」「努力して人に勝たなくては」という原理で生きてきて疲れている人は、老子の思想に則って、競争から離れて一息ついて、弱くて柔らかいものを自分の心の中に思い返して大切にするといいと思います。

美しいものを求める気持ちに競争はありません。

「そんな暇があったら仕事しろ、勉強しろ」という心の声が聞こえてくる人も多いかもしれませんが、それは男性原理です。男性的な原理を知っていながら、なおかつ女性的な立場を離れないように守っていくと、パワーの源になるということです。

文学や音楽、美術など、そのまま役に立つわけではないものの奥には、柔らかくて豊かな世界が広がっています。そういうものを愛《め》でながら柔らかい心を持つ。

柔らかい心で人生を楽しむといった、自分の精神世界を持っていることは、これからの時代、とくに大事になってくると思います。

仕事や勉強が忙しい中でも、植物を育てたり、愛犬と散歩したりと、競争や損得とは違う原理に触れることを習慣にすると、気も楽になります。

「人の生まるるや柔弱《じゅうじゃく》、其《そ》の死するや堅強《けんきょう》なり」

生まれたばかりの赤ちゃんは弱々しいけれど柔らかい。生まれたばかりの生命力にあふれているときほど柔らかいのです。死に近づくほど人の心も体も固くなり、死ぬと固まってしまいます。

「生《せい》に出《い》でて死《し》に入《い》る。（中略）善《よ》く生を摂《せっ》する者は、陸行《りっこう》して兕虎《じこ》に遇《あ》わず、軍に入《い》りて甲兵を被《こうむ》らず。兕《じ》も其の角《つの》を投《とう》ずる所無《な》く、虎も其の爪《つめ》を措《お》く所無く、兵も其の刃《やいば》を容《い》るる所無しと。夫《そ》れ何の故ぞ。其の死地無きを以てなり」

生の奥義を極めた人は、武装をしていないから猛獣も手出しするきっかけがなく、敵に武器を向けられることもない（兕は、水牛に似た一角獣）。

相手に負けまいと肩に力が入っている人ほど、警戒され攻撃される。最初から自分を守ろうとせず無為自然であれば、敵も敵ではなくなり、争うこともない。

人と争いが起きない人がいます。「あの人は問題起きないね」という人です。

私もこういう若い人を見たことがあります。まるでクレーマーのような厄介な人ですら、その人には丁寧な接し方をするのです。

優しくて丁寧で的確で、文句のつけようがないからですが、自分を良く見せたいという執着から距離を置いているからなせる業なのでしょう。こういう人になりたいものです。

「強大なるは下《しも》に処《お》り、柔弱なるは上《かみ》に処る」

ものごとはすべて、堅固で大きいものが低い位置で、柔らかで弱々しいものが高い位置にある。

木は強すぎると折れてしまう。男性でも女性でも、柔らかくて弱いものの感覚を大事にする。風になびく草のようにしなやかに生きるイメージを、老子から学びたいと思います。

コロナ禍によって、無為の状態ができてしまいました。

しかし考えてみれば、無欲、足るを知るという生き方に目覚める機会ができたとも言えます。

今までしゃかりきに回していた歯車を止めてみるという発想を持っておくことも、柔らかさ、心の幅の広さ、しなやかな強さにつながるのではないでしょうか。

科学的なものの見方、考え方に親しむ

――『ロウソクの科学』を読み解く

（ファラデー著　三石巌訳　角川文庫）

❖「ロウソク」に科学が詰まっている

１７９１年、ロンドンの貧しい鍛冶職人の息子として生まれたマイケル・ファラデーは苦学の末に王立研究所の助手として働き、電磁誘導の法則や電気分解の法則（ファラデーの法則）、ベンゼンや塩素の液化法などを発見した大科学者です。

高校で化学、物理を習うと必ず登場するので、多くの人がその名前を知っているでしょう。

『**ロウソクの科学**』は、ファラデーが70歳のクリスマス休暇のときに、王立研究所で催された6回に及ぶ講演をまとめたものです。

講演には、貴族をはじめ一般市民まで多くの老若男女が参加したそうです。

ファラデーは、子どもにも科学に興味を持ってもらえるよう、ごく身近な題材でわかりやすい話をすることにしました。それが「ロウソクを科学する」というテーマだったわけです。

ロウソクは古今東西、あらゆる人々の暮らしの中で使われてきたものです。その作り方、燃焼のしくみ、さらに燃焼によってどんなものが生じるか？　そもそも、ものが燃えるというのはどういうことなのか？

じつは私たちはほとんど理解していません。

ロウソクの芯の部分はくぼんでいます。

なぜか？

ロウソクが燃えることで上昇気流が発生し、ロウソクの周りを下から上に空気が流れることで外側を冷やします。一方、芯の方（内側）は炎の熱で絶えず温度が高くなっている。内側と外側で温度差が生じ、内側の芯の部分は溶け、外側は冷やされ溶けないので、くぼみができるというわけです。

❖「当たり前」を探る

芯の根元で溶けたロウは、芯を登って先端で気化し、その気化したロウに火がつく。

ロウソクが燃えるのは、ロウが固体→液体→気体へと物質の三態の変化をするからです。

液体のロウが芯を登っていくのは「毛細管現象」と呼ばれる現象です。ファラデーはそれを説明するのに食塩を皿に盛って山を作り、色のついた飽和食塩水を皿に流します。するとと色のついた食塩水が食塩の山をゆっくりと上昇していくのがわかる。飽和食塩水なので食塩は水には溶けないのです。そしてその食塩の山の細かな隙間に、水が入り込んで上昇していく。

「なぜ炎は上に向かって伸びるのか？」
「なぜロウソクの炎は明るく輝くのか？」

私たちは、炎は上に向かうのが当たり前だと思っているし、火は明るく輝くものだと思い込んでいます。そこに、「なぜ？」という疑問を持ち、仮説を立てて検証する。ロウソクの謎をファラデーは次々に披露し、自然科学的な視点で解明していきます。

❖ロウソクと人間は同じ!?

そもそも燃焼とはなんでしょう？
ファラデーは、ロウソクの炎の上に氷を入れた皿をかざします。するとその皿の下、炎が当たっているところから水滴が落ちてきます。

水は酸素と水素が化合してできますが、ロウソクの中の水素の成分と空気中の酸素が反応して水になる反応こそが燃焼だと説明します。その際に二酸化炭素も生まれます。

人間の体も、呼吸で酸素を取り入れ、二酸化炭素を吐き出します。食べたものを消化し、酸素で燃焼させることによってエネルギーを取り出した結果、水と二酸化炭素をつくり出しているのです。

つまり、**動物の生命活動もロウソクの燃焼と本質的に一緒ということになる**と説明します。

ものの見方や考え方が変わったり、視野が広くなります。

文系の人には、とくにお勧めです。日常の現象や不思議を数式などを一切使わずに理解させてくれます。

角川文庫や岩波文庫から出ていますが、もっとやさしく読みたいという人や、子どもに読ませるなら、角川つばさ文庫のものがお勧めです。双子の姉弟が、ある研究所でファラデーのロウソクの科学の講義を再び実体験する物語形式になっています。

3章

「これで生きていく」と言えるものが見つかる

――迷っても前に進める原動力を養う

どんな状況でも、明るく前向きな姿勢を失わずに、乗り越えていこうという精神力、エネルギーを失わない人間でありたいと思います。

逆境を前進する原動力に変えてしまう。そんなタフさが問われています。

それを可能にするのが「真の教養」です。

ニーチェは、そのような前進のエネルギーを生み出す象徴的な存在です。

彼は、人間の持つ力と可能性を全面的に信頼していました。

だからこそ、その可能性を押さえつける神の存在と、向上心を持つ人間の足を引っ張る人々を、ルサンチマン（怨恨、憎悪、嫉妬などの感情が反復され内攻して心に積っている状態）に取りつかれた人として否定します。

そして私たちの生を、踊るように歌うように軽やかに生きることを勧めます。

この世の中を否定しないという意味で、渋沢栄一の『**論語と算盤**《そろばん》』もぜひ読んでおきたい名著です。

商人（ビジネス）の世界は、渋沢が生きた明治初期はお金を儲ける仕事として低く見られていました。

しかし私たちが生きるためには、経済は切っても切り離せません。商売を低く見るのではなく、人間の理想を追求する商売、ビジネスを考える。

渋沢が目指したのは、論語という倫理に裏打ちされた、人間的なビジネスのあり方でした。

マスローの**『完全なる人間』**、井原西鶴の**『日本永代蔵《にっぽんえいたいぐら》』**も、共通するのは徹底した人間肯定です。

正岡子規の**『病牀《びょうしょう》六尺』**は、結核末期の病床にあって、最期まで創作のエネルギーを失わなかった人物の記録です。これもまた、とてつもなく前向きな精神の輝きの記録なのです。

健康に、生き生きと活動する限り、人間は自らを成長させ、完成に向けて進んでいく。そんな健全で明るいエネルギーに、人はそもそも溢れているのだと私も考えています。

「壁を軽やかに超えるヒント」を学ぶ

——『ツァラトゥストラ』を読み解く

（ニーチェ著 手塚富雄訳 中公文庫プレミアム）

❖文学として読める

ニーチェというと、難しそうなイメージがあるかもしれません。哲学理論を書いた本は大変疲れるし、ゆっくり進まないと何を言っているかわかりません。しかし『**ツァラトゥストラ**』は物語になっていて、文学だと思って読めます。「ほうほう、ツァラトゥストラという主人公は面白いことを言うな」という感じで、まずは読み始めて頂きたい名著です。

これまで多くの出版社から、多くの訳者によって出版されていますが、中央公論社の『ツァラトゥストラ』はドイツ文学の第一人者である手塚富雄さんの、優雅で品格の高い文章と親切な注釈で、非常に読みやすく理解しやすい本になっています。

それぞれの項目に、要約文が2行ほど付いていてわかりやすいのも魅力です。

中公文庫プレミアムの巻末に収録されている、手塚富雄さんと三島由紀夫の対談も面白い。

私は『座右のニーチェ』という本も書きましたが、今でもニーチェの著書、とくに『ツァラトゥストラ』は手元に置いて、朝起きたときなどパラパラと目を通します。まるで強力なドリンク剤のように体に沁み込み、気持ちが活性化して元気になります。

ニーチェの明快な言葉が、「さぁ今日もやるぞ！」という気持ちにさせてくれるのです。

❖「超人」となって神の支配から逃れる

ツァラトゥストラとは、そもそもゾロアスター教の教祖ですが、これはニーチェ自身の姿と言ってもいいかもしれません。世俗を避けてひとり山の中で学び、思索にふけっていたのですが、ある日ふもとに下りる決心をします。


「わたしはいまわたしの知恵の過剰に飽きた、蜜蜂があまりに多くの蜜を集めたように」

「わたしはあなたがたに超人を教える、人間とは乗り超えられるべきあるものである」


ツァラトゥストラは、あまりに賢くなって知恵が溢れてきた、聴いてくれる人が必要だということで、**「超人思想」**を教えるためにふもとに下ります。なんともニーチェ的です。

最後に書いた『**この人を見よ**』で「私はなぜこんなに賢いのか」、「私はなぜこんなに良い本を書くのか」と言っていますが、ニーチェはそういう人なのです。

さて、「**超人**」とは人間の弱さを超えた存在です。ただし、私なりの理解では、決して超能力者やスーパーマンではありません。**現在の自分を超えようとして努力し活動し続ける、自由な精神の持ち主**を言います。

ところが、世の中はそんな元気な自由人を引きずり降ろそうとすると、ニーチェは言います。

ニーチェにとって、足を引っ張る最大勢力がキリスト教のような宗教であり、形而上的な哲学でした。どちらも、私たちの住んでいるこの世界は価値が低いものであり、真理は理念の中や死後の世界、神の世界にあると説きます。

それらは、私たちを戒律や道徳で縛り付けます。

とくにキリスト教は「原罪」を説き、人間を堕落した存在として、神の前に跪《ひざまず》くことを強要する。それによって人間は長い間自立することを許されず、自由に飛翔することを妨げられてきたと、ニーチェは考えました。

たとえば、親に終始、「お前は罪深い悪い子だ。だから私の言いつけに従いなさい」と言って育てられた子どもが、はたして健全に成長できるでしょうか？　おそらく自分に自信を持つことができず、親から自立することは難しいでしょう。

❖「神は死んだ」

ニーチェにとって、まさに神と人間の関係が、その親子関係だったわけです。
人間たちよ、もっと自信を持とう。そして成長し自立した真の人間になろうじゃないか！
というわけです。

「わたしはわたしの目標を目ざす。わたしはわたしの道を行く。ためらう者、怠る者をわたしは飛び越そう」

主体性を信じて突き進もう、ということです。
「三様の変化」という有名な話が出てきます。

「どのようにして精神が駱駝《らくだ》となり、駱駝が獅子《しし》となり、獅子が小児となるかについて述べよう」

人間の精神は、はじめはラクダで、義務を負っている。しかしその義務を果たしていくなかで、やがて精神に変化が起こる。義務に対して精神がノーと言う。これがライオンの精神です。

「汝なすべし」と言って立ちはだかる巨大な竜、つまり背負っている義務や道徳に対して、ライオンの精神で「われは欲す」と言えと迫ります。

竜の鱗の一枚一枚に「汝なすべし」と金色に書いてある。それに対して「われは欲す」と言って戦う。

抑圧的な宗教は、こうしろ、ああしろと迫ってくる。それに服していたらそれだけで人生が終わってしまう。だから、「自分はこれがやりたいんだ！」と叫べと言うのです。

「わたしはあなたがたに切願する。大地に忠実なれと。あなたがたは天上の希望を説く人々を信じてはならない。かれらこそ毒の調合者である」

大地とは、神の国である天上に対し、私たちが生きているこの世界です。

それまでは、天上の世界や精神にこそ価値があり、現実世界や肉体は低いものとされてきました。ニーチェによれば、それを説く人たちは「毒の調合者」。過激な表現です。

有名な言葉が出てきます。

「神は死んだ」

神は、良いものを全て、天上世界に持って行ってしまった。人間は、人間の持っている良いものを凝縮して神にしてしまった。

だとすると、人間世界にはいわば「ショボいもの」しか残っていないことになってしまう。しかし実際は、神が人間を作ったのではなく、人間が神を作ったのだ。

人間は大地に、肉体という理性に忠実であれ。人間を神から取り戻そう。そのうえで、嫉妬心などの「人間が持っているショボい部分」を超えていき、超人になろう。自分自身を超えていけ、ということです。

「わたしは愛する、おのれ自身を超えて創造しようとし、そのために滅びる者を」

自分自身を超えてチャレンジをし続けている人は、今の世界にもたくさんいます。

メジャーリーグの大谷翔平選手も、「二刀流」をやらずに投手か打者かに専念してもいいのに、誰もしたことがないことにチャレンジしている。

渡米して報酬は大幅に下がり、アメリカ人は信じられなかったそうです。もう少し日本にいれば移籍時に莫大な契約金が入るのに、待たずに行く。お金や、誰かに勝とうという競争心よりも、まだ見ぬ自分に出会いたい、常に今の自分を超えたいという気持ちからではないでしょうか。

メジャーリーグでクリーンアップを打ってピッチャーまでやる。リスクを承知の上で、自分で自分を超えていく。ニーチェの言う「超人」のイメージに重なります。

ニーチェが全体として言いたいのは、**クリエイティブであれ、勇気を持って新しい価値を創造していこう**ということです。


「創造する者が求めるのは伴侶だ、死骸ではない。（中略）新しい価値の表を新しい板に書きしるす創造の参加者である」

「ともに価値を創造する者になろう！」というメッセージです。

❖ルサンチマンと嫉妬

ところがそのような超人の飛翔を妨げ、足を引っ張ろうとする輩が必ず出てくる。宗教者や哲学者など当時のインテリ層、指導者層の大半と言っていいでしょう。

こういう人たちは、本来の人間性を抑圧しています。そして自分たちの作り上げた規範から抜け出し自由になろうとする者を攻撃し、排除しようとします。

そこには「俺はこれだけ我慢しているのに、なぜあいつだけ自由に振る舞うのか?」という、自由人に対する強い怒りや嫉妬がある。

ニーチェはこれを**ルサンチマン**（**怨恨、憎悪、嫉妬などの感情が反復され内攻して心に積っている状態**）として、中世から近代にかけての西洋人の、とくに知識階層における病理だと痛烈に批判しました。

ルサンチマンや嫉妬は、いつの時代も形を変えて存在しています。人間である限り、それは普遍の感情です。

コロナ禍の中、誰もが我慢して生活しています。

「なぜ私たちはちゃんとマスクをしているのに、あの人はしていないのか」

「こちらは外出制限で〝3密〟を避けているのに、旅行で感染してくるのは許せない」

正論ですが、行き過ぎれば、どこかヒステリック。「自粛警察」には一種のルサンチマンを感じます。

嫉妬やルサンチマンは、非常に強い負のエネルギーを持っています。ソクラテスやイエスが訴えられ処刑されたのも、一種のルサンチマンゆえでしょう。とても攻撃的で怖ろしいものだとわかります。


「嫉妬の炎につつまれた者は、最後には、さそりと同様に、自分自身に毒針を向けるのだ」

「君の隣人たちは、常に毒ある蠅であるだろう。君の偉大さ——それが、かれらをいよいよ有毒にし、いよいよ蠅にせずにはおかぬのだ」

「のがれよ、わたしの友よ、君の孤独のなかへ。強壮な風の吹くところへ。蠅たたきになることは君の運命でない」


偉大なことをすると、皆が非難してくる。超人は、常にこの嫉妬とルサンチマンにさらされる運命にある。しかし、だからといってそれを恐れるのではなく、ゆうゆうと飛び越えていく、強靭な肉体と精神が求められるのです。

友についても語っています。

「おのれの友のうちに、おのれの最善の敵をもつべきである」
「君は君の友のために、自分をどんなに美しく装っても、装いすぎるということはないのだ。なぜなら、君は友にとって、超人を目ざして飛ぶ一本の矢、憧れの熱意であるべきだから」

ニーチェの言う「友」とは、『あしたのジョー』の力石徹と矢吹丈みたいなものです。過酷だからと同情し合っていたら話にならない。友情を固い殻の下に隠し、お互いが全力を尽くす。一番良い所を見せ合う。高め合うことで磨き合う関係です。

❖軽やかに創造しよう

こうしてニーチェの思想を読んでくると、なんだか重々しく感じるかもしれません。**しかしツァラトゥストラは「重さ」を嫌います。そして「笑い」と「踊り」を好みます。**

「君たちのうちのだれが、高められた者であり、同時に哄笑する者であることができるか。／最高の山頂に登っている者は、いっさいの悲・劇を笑う。いっさいの悲・真面目を笑う」

「わたしが神を信ずるなら、踊ることを知っている神だけを信ずるだろう」

「いまわたしは軽い。いまわたしは飛ぶ。いまわたしはわたし自身をわたしの下に見る。いまわたしを通じて一人の神が舞い踊っている」


超人はよく笑い、踊ることが好きです。上機嫌で明るいエネルギーに満ちています。**仕事や勉強など、やるべきことが多くても、重くなったりせず、軽々と飛ぶような精神になろう**と説いています。


「すべての神々は死んだ。いまやわれわれは超人が栄えんことを欲する」

「君たちが世界と名づけたもの、それはまず君たちによって創造されねばならぬ」

「意欲は解放する。これこそ、意志と自由についての真の教えである」

「さてこれが――わたしの道だ――君らの道はどこにある?」


創造しようというやる気が、人間を開放する。

そして、**万人の道は存在しない。自分だけの道を切り拓け**ということです。

❖永劫回帰とは

ニーチェの「**永劫**（**永遠**）**回帰**」という言葉を聞いたことがあるかもしれません。

「最も醜い人は言った。『あなたがたはどう思うか。きょうこの一日に出会ったために――わたしははじめて満足した、今までの全生涯にたいして。（中略）地上に生きることは、かいのあることだ。ツァラトゥストラと共にした一日、一つの祭りが、わたしに地を愛することを教えたのだ。／『これが――生だったのか』わたしは死にむかって言おう。『よし！　それならもう一度』と」

「すべての悦びは永遠を欲する――、／――深い、深い永遠を欲する！」

人生のあるとき、「この一瞬は永遠だ！」と叫びたくなるような素晴らしい「瞬間」があったとします。すると、そこに至る様々な苦労や災いのプロセスも、（オセロの駒の白黒がまとめて反転するように）全部肯定されることになる。

ものすごくつらい過去があったからといって、オセロのように「あの一手は打ち損じだから、なかったことに」と消したら、全部変わってしまい、肝心の「瞬間」は訪れなくなってしまう。

一瞬を肯定することによって、すべてを肯定することになるわけです。

「万物は永久に回帰し、われわれ自身もそれとともに回帰するということだ」

「回帰」という言葉が出てきます。

実際に輪廻のように繰り返すというよりは、「これが生きるということだったのか」とわかったのなら、この世の中、地上に生きることを愛し、「苦労もあったけど何度でも迎え撃ってやる」という心意気を持て、ということではないでしょうか。

「永遠であれ」と思えるような瞬間に出会えれば、過去すべてを肯定できる。その素晴らしい喜びを、地上に生きている生を、祝い、祝祭とせよ。祝祭としての人生を生きろ。

ニーチェはこう言っているのです。

前向きに学ぼうという明るい気持ちになります。

孤独に耐えることもできる。自分が嫉妬心に駆られていたら、「これはサソリだ」と己を諌め、律するきっかけにもなる。

一生かけて、自分自身を超えていくための励ましの書なのです。

長く成果を出し続けるためのバランス感覚を養う

――『論語と算盤《そろばん》』を読み解く

（渋沢栄一著　角川ソフィア文庫）

❖1万円札の人選

10年ほど前からちょっとした渋沢栄一ブームが続いていて、令和3年には渋沢を主人公にしたNHKの大河ドラマ『青天を衝《つ》け』が放映されます。

令和6年に、渋沢栄一が1万円札の肖像になります。これはよく考えられた人選です。お札は資本主義の象徴です。お金を儲けることに長けている人が多くの1万円札を手にし、それを活用してまたお金を増やすわけです。

経済活動が悪いわけではもちろんない。しかし世界でも日本でも富の集中がどんどん進んでいて、格差が広がり続けています。

資本の集中に歯止めをかけるバランス感覚が求められています。制度的には、独占禁止法などが工夫されてきたけれども、やはり富の集中は止められない。では社会主義にすればいいのではと、国家的な実験を20世紀にしてみたが惨憺たる結果に終わった。

資本主義を維持しながら、どうバランスを取っていくか。お金を稼ぐことは必要だけれども、何かしらの倫理観、節度が必要なのではないかということが鋭く問われる時代になっています。**節度ある資本主義を象徴するのが、渋沢栄一なのです。**


ご存じの通り、渋沢栄一は「日本の資本主義の父」と呼ばれています。官吏から実業家に転身した後は、第一国立銀行の創設を皮切りに、現在の王子製紙や東京海上火災、東京電力、JRやサッポロビール、日本郵船など、481社もの会社をつくった。日本商工会議所や証券取引所の設立の中心人物でもあります。

その渋沢の信条が、社会貢献を前提にした商業活動を行うことにより、国と国民の富と幸福を大きくすることでした。金儲け一辺倒ではなく、節度と品性のある資本主義を目指したのです。

その渋沢の代表的な著作が**『論語と算盤』**です。大正5年に出版された本ですが、今でも現代語訳など中心に売れています。


「論語というものと、算盤《そろばん》というものがある。これは甚《はなは》だ不釣合《ふつりあい》で、大変に懸隔《けんかく》したものであるけれども、私は不断《ふだん》にこの算盤は論語によってできている。論語はまた算盤によって本当の富が活動されるものである。ゆえに論語と算盤は甚だ遠くして甚だ近いものであると始終論じておるのである」

仁や礼儀を重んじ、己の欲望やわがままを抑え、他者や家族、社会を重んじることを説いた論語と、営利を求める実業の世界は、一見正反対の世界に思えます。

しかし渋沢によるとそうではなく、遠いように見えて大変近いと言うのです。

❖「商人になるとは実に呆れる」

当時はまだ文明開化の直後で、元貴族や武士たちが政治や軍事の中心でした。彼らには士農工商の意識が残っていて、実業の世界を低く見ていました。

渋沢は明治6年に井上馨とともに時の政界から去り、実業の世界に転身します。

その折には友人から、「君も遠からず長官になれる、大臣になれる。お互いに官にあって国家のために尽くすべき身だ。しかるに賤《いや》しむべき金銭に眼《まなこ》が眩《くら》み、官を去って商人になるとは実に呆《あき》れる。今まで君をそういう人間だとは思わなかった」と言われる。

渋沢はそのとき、『論語』を引き合いに出します。そして、「私は論語で一生を貫いてみせる。金銭を取り扱うが何ゆえ賤しいか。君のように金銭を卑しむようでは国家は立たぬ。官が高いとか、人爵《じんしゃく》が高いとかいうことは、そう尊《とうと》いものではない。人間の勤むべき尊い仕事は到る処にある」と反論します。

渋沢は、当時の日本に欠けているのは経済力であり、実業の世界の充実だと考えました。なんとしても事業をたくさん興して、国の経済力の基盤を上げていかなければならない。事業には信用が必要です。なりふり構わぬ経営ではやがて人が離れていき、継続的な成長は望めない。そこで実業に必要な考え方、商業倫理として『論語』を掲げるわけです。

「その富をなす根源は何かといえば、仁義道徳。正しい道理の富でなければ、その富は完全に永続することができぬ。ここにおいて論語と算盤という懸け離れたものを一致せしめることが、今日の緊要の務めと自分は考えているのである」

『論語』の教えに従って事業を続けていけば、信用が生まれる。その信用に資本が集まり、さらに大きな事業に発展していく。それが渋沢の考える正しい資本主義のあり方です。

❖人を見抜くには

『論語と算盤』というタイトルですが、内容は論語にとどまらず、渋沢の倫理観やものの考え方がまとめられていて参考になります。

たとえば人の見極め方。**その人の「志」と「振る舞い」を見るように**と説きます。「志」がどんなに正しくても、「振る舞い」が鈍かったり、外れていると認められない。

逆に「志」が低い人間でも、「振る舞い」が機敏で時宜にかなっていれば評価されます。人の志を見極めるのは難しいが、立ち居振る舞いは目に見えるのでわかりやすい。

すると中には悪い心を持っている人物でも、意図的に立ち居振る舞いを良くすることで周囲をごまかすことがあると注意しています。

また、競争にも善の競争と悪の競争がある。善の競争はまっとうに工夫努力、精進することで相手に勝つこと。悪の競争は相手を妨害したり、相手の手法を盗み真似たりすること。渋沢は、善の競争は社会の進歩のためにはぜひとも必要だと説きます。

そのために、渋沢は「王道」を説きます。「王道」とは道徳であり「仁」。つまりは相手に対する「思いやり」です。

興味深いのは洋行した際、外国の企業の家族主義的な経営に驚いたというくだりです。

当時は外国企業の方が家族主義的経営をしていたのです。万事が家族主義の中で進めば労使関係もうまくいくはず。そう渋沢は主張しています。

確かに、戦後日本の奇跡的な経済成長と、一億総中流と言われた格差のない社会は、当時日本的経営と呼ばれた家族主義的経営によるところが大きかったのかもしれません。

バブル崩壊後、すっかりその日本的経営は顧みられなくなりましたが、もしかすると渋沢の指摘する家族主義が、再生の一つのカギになるかもしれません。

❖なぜいつも上機嫌だったのか

渋沢は大変能力の高い人物でしたが、明治時代の男性に特有の気難しさがなかったようです。**いつも上機嫌で膨大な仕事をこなしていた。**

ただし、自分の主義や信念に反する者に対しては、頑として譲らなかったそうです。

「人間には如何《いか》に円《まる》くとも、どこかに角が無ければならぬもので、古歌にもあるごとく、あまり円いとかえって転びやすいことになる」と言っています。

なかなか仕事がうまくいかないときもある。渋沢は、逆境には自然的逆境と人為的逆境の2つがあり、まずそれを見極めよと言います。

自然的逆境は、いわば運命や宿命のようなもの。本人の努力ではいかんともしがたい。自分の力の及ばないことに対しては、できる限りのことをした上で、それ以上思い悩んだり、ジタバタしても始まらない。まさに「人事を尽くして天命を待つ」。どうにかしようと焦っても、よけいな苦労が増すばかりだというのです。

❖成功やお金は「残りカス」

そして痛快なのが一番最後の章、**「成敗は身に残る糟糠《そうこう》」**の一文です。
成敗とは成功と失敗のこと。糟糠とは残りカスのこと。
世の中には、悪運が強く成功する者もいれば、善人であっても運悪く失敗する者もいる。大事なのは結果ではなく、人としての務めをどれだけ果たしてきたかである。かりに成功し地位や財産を築いたとしても、それは糟糠、つまりカスだというのです。

「現代の人の多くは、ただ成功とか失敗とかいうことのみを眼中に置いて、それよりもモット大切な天地間の道理を見ていない。彼らは実質を生命とすることができないで、糟糠に等しい金銭財宝を主としているのである。人はただ人たるの務めを完うすることを心掛け、自己の責務を果たし行ないて、もって安んずることに心掛けねばならぬ」

明治の若者に向けられた言葉は、今の私たちにも当てはまります。

ポテンシャルを発揮するコツを知っておく

――『完全なる人間』を読み解く

（アブラハム・H・マスロー著 上田吉一訳 誠信書房）

❖「会社で自己実現」は矛盾？

「自己実現」という言葉は、マスローによって知られるようになりました（「マズロー」としてご存知の方も多いと思います。つづりはAbraham H.Maslowです。本書では「マスロー」と表記します）。

マスローは**「欲求の5段階説」**で有名です。

誰しも、

「自分はまだ力を発揮できていないんじゃないか」

「自分の力は、こんなものではないはずなんだけど」

「この仕事、あまり向いていないのかな。早く他のことを始めた方がいいかもしれない」

といった**「不全感の壁」**とでもいうべき、「自己実現」できていないのではといった思いに捉われることがありますよね。

学生なら試験の前後、組織で働く人なら年度末や半期、四半期の振り返りのときが多いかもしれません。

会社で仕事をしていて「自己実現できていないのでは」と思ったとしても、**組織での仕事は自己実現のためにあるわけではありません。むしろ他者のリクエストに応える「他者実現」の場であって自己実現ではない**という側面があります。

でも、せっかく人生の大半の時間を仕事に費やすのだから、自己実現もしたい。どうすればいいかという思いを抱えている人は多いと思います。

自己実現の本家、マスローの本を読んでみましょう。

まず、「欲求の5段階」について確認しておきます。

マスローは、健全な人間の欲求は、

「**①生理的欲求**（生きるために必要な飲食や睡眠などの欲求）」

「**②安全の欲求**（安全な環境、経済的な安定、健康維持の欲求）」

「**③社会的欲求**（家族や集団に所属する欲求）」

「**④承認欲求**（他者に認められたい、賞賛され尊重されたいという欲求）」

「⑤**自己実現欲求**（自分の能力や可能性を最大限に伸ばしたいという欲求）」

の5つの段階に分かれている。そして、一番下の段階の「生理的欲求」から最高段階の「自己実現欲求」まで、それぞれ**下の欲求が満たされて初めて次の段階の欲求が生じる**としました。

マスローの基本姿勢は、健康な人間であれば誰もが段階を追って欲求を満たそうとして行動し成長するという性善説、楽観主義だと言えます。草や木が太陽と水を与えられ、妨害するものがなければすくすくと育つのと一緒です。

フロイトやユングは、神経症や統合失調症のような精神病の患者を分析する中で、それぞれの理論を組み立てたのですが、マスローはごく普通の、健全な人たちの心理と行動を分析することで、健全な人の精神構造と行動特性を理論化しました。

「この精神的本性は、善であるか、それとも中立的なもので、悪ではないのであるから、これを抑えるよりも、むしろこれを引出し、励ますようにするのがよい。もしこの精神的本性によって、生活が導かれるなら、われわれは健康になり、生産的になり、幸福になる」

「人間のこの本質的な核心が、認められなかったり、抑えられたりすると、人はときに明瞭なかたちで、ときに微妙なかたちで、早晩病気になる」

フロイトは、心の病気は欲望の「抑圧」によって起こるとしましたが、マスローはその人の本来の特性が妨げられ、発揮できなくなると病気になると考えました。

マスローの心理学は**「健康の心理学」**とも呼ばれています。人間がより健康に、そして幸福になるための心理学なのです。

❖インテリが「愚にもつかない生活」をすると……

そんなマスローにとって最も良くない行動は、自分の本性に逆らった生き方をすること。

「各人が、みずから痛切に認識しなければならない重要なことがらは、人類の美徳にもとり、自己の本性にさからう罪を犯し、悪行を重ねると、これらは例外なしに、ことごとく無意識のうちに記憶せられ、自己軽蔑の念をかきたてるということである」

健全な人は、もともと心の中に真善美に対する価値観＝良心を持っている。もしも他人を騙したり、ずる賢く立ち回ると、意識の上では感じていなくても、無意識レベルで自分を責め、自己評価が低くなる。

すると自信が持てず、他人の評価におびえ、自分の本性、能力を思う存分発揮し伸ばすことができなくなる。最近の言葉で言えば、自己肯定感や自己重要感が低下するということでしょう。

では、それらをいかに高めるか？

それは自分の良心の声に従い、自分の本性を思い切り伸ばすことです。

「自己の才能をいつわり、天性の画家が靴下を売り、インテリが愚にもつかない生活をし、真実を見ている人が口をつぐみ、男らしさを捨てて臆病者になる。これらの人びとは、みなひそかに、自分にとって間違ったことをしていると感じとり、自分をさげすむ」

自分の本性を偽ったり、自分の良心を偽ったりすることが重なると、人は自罰によって神経症になってしまうと言います。

偽ることをやめ、向き合うようにすることで、自罰から解放され成長を遂げる。しかしそれは簡単にできることではなく、苦悩と葛藤が伴うのだとマスローは言います。

❖二つの欲求のバランス

その苦悩と葛藤の最大の原因は何か？　マスローは「**安全欲求**」と「**成長欲求**」**のぶつかり合い**だとキッパリ断定します。今のまま安全でいたいという欲求と、さらに成長し自分を高めたいという成長に対する欲求です。

マスローは、単純にチャレンジすることが良いと言っているわけではありません。

「ただわれわれが二種の知恵、つまり防衛知と成長知とを認めると、結局のところ、選択はいずれも実際賢明なのである。（中略）防衛は向うみずな行為と同じように賢明なのである」

安全であることを選択するのには、それなりの理由があり、それぞれ個人差がある。その違いは何かというと、冒頭で触れた「欲求の5段階」が関係している。

人が上の段階の欲求へ移ろうとするのは、今いる段階に満ち足りて退屈を感じるようになったときです。安全で退屈だということでチャレンジし成長していきます。

人間は皆、自分の中に2種類の力を持っています。

1つ目は安全性の欲求。危害を加えられないようにしたい。これは当然です。定職に就きたい。安全な状態を崩したくない。独立を恐れます。

2つ目は、チャレンジしていく力。もちろん、今いる場所で安全が保障されているからチャレンジできるということです。

人に成長を促すものは何かというと、真の喜びです。チャレンジして喜びが得られると、安全性を脇に置いてでも、またチャレンジしようという力が湧いてくる。

このように、できるだけ安全でいたい、でも成長もしたいという2つの力に引き裂かれそうな中で、自由に選択できる、あるいはしなければならない場面が次々出てくる。安全か成長か、依存か独立か、未成熟か成熟か、いずれかを選んでいくわけです。

安全性が100%では成長がありません。8割安全なところに身を置いて、2割チャレンジするといったバランスが肝要ではないかと私は考えています。

❖「至高経験」が正しい選択のチャンス

マスローは、人生を価値あるものとし、自分自身を受け入れるために重要な概念として、

「至高経験」をあげています。自己実現した人たちを調べていると、彼らに共通しているのが、この「至高経験」をしているということでした。

「至高経験」とは読んで字のごとく、もはやこれ以上ないと思えるほど幸福感に満ちた瞬間です。

マスローはその特徴をいくつか挙げていますが、「没自我」「無我」の境地に近いでしょう。自分の潜在力が発揮された瞬間であり、時空を超越する瞬間だと言います。

子供が無心で遊んでいる瞬間や、芸術家がひたすら創作に没頭しているときなど、時間がたつのを忘れてしまうという瞬間も「至高経験」のひとつとされています。

至高経験というとなにやら仰々しく感じますが、私たちの日常でも、ちょっとした至高経験、プチ至高経験があるのではないでしょうか。

これは自分のポテンシャルを思い切り発揮できたな、今までにない感覚だという瞬間が訪れたら、逃さない。その瞬間を手がかりにして、自分の喜びの方向を見つける。

喜びを感じないと、選択はできません。真の喜びがあるから、「ではこちらへ進もう！」と思えるのです。

後悔しないための「お金と仕事の処世訓」
――『新版 日本永代蔵《にっぽんえいたいぐら》 現代語訳付き』を読み解く

（井原西鶴著 堀切実訳注 角川ソフィア文庫）

❖お金で解決できないものは5つしかない

井原西鶴は『好色一代男』、『世間胸算用』などの浮世草子の作者として、江戸時代の人々の生活を生き生きと描いています。

中でも『日本永代蔵』は、江戸商人や庶民たちのお金にまつわる話をまとめていて興味深い作品です。

角川ソフィア文庫から出されているものは、現代語訳が最初にまとめられているので、大変にわかりやすい。エピソードがたくさん載っているので、まるで週刊誌の記事を読んでいるようにスイスイと読めてしまいます。

いつの時代も貧困は病のようなもの。西鶴は最初に言い切ります。

「一生一大事身《み》を過ぐるの業《わざ》、士農工商の外《ほか》、出家・神職にかぎらず、始末《しまつ》大明神の御託宣《ごたくせん》にまかせ、金銀を溜《た》むべし。これ、二親《ふたおや》の外《ほか》に命の親なり」

どんな仕事であれ、倹約の神様のお告げに従って、お金を貯めること。お金こそは命を育んでくれる、もうひとりの親なんだと言います。お金が大切だと言い切っているところが潔い。

金銀で解決できないのは、生老病死苦の5つだけ。ほかのすべてはお金があれば何とかできる。だから家業に励み、心身ともに健康であることが肝心だと言います。

洋の東西を問わず、お金は汚いもの、忌むべきものだとする風潮がありましたが、早い時代から「お金は大事だ」と明言したのが西鶴です。江戸時代、商業が盛んになり庶民の文化が勃興してきたことが背景にあるでしょう。

「いったい世の中で、借金の利息ほどおそろしいものはない」
「とかく人間はおのれの性根によって、おちぶれもすれば長者にもなれるのである」

成功と転落はお金の扱い方、お金に対する考え方ひとつだと言うのです。

「奉公はよい主人を選ぶのが第一の仕合せである」

師匠選びこそが大事だと言います。とくにこの時代は、奉公先によって自分の運命が変わる。今でいえば会社選びということになるでしょうか。

「諺に『身過は草の種』というように、渡世の道は、草の種のようにいくらでもあるものだ」

食っていこうと思えば、いろんなことが仕事にできる。ある後家さんは、船から水揚げした米俵からこぼれ落ちる米を掃き集め、それを売ってへソクリを貯めたところ、20年後に大金持ちになった、という話が例として挙げられています。

ちょっとしたところに稼ぐヒントがあり、地道にしっかりやれば財を築くことができる。なんだか勇気が出る話です。

❖金持ちになる処方箋と「毒断ち」

巻三の冒頭のエピソードも面白い。

お金を稼ぎ財を築くためにはどうすればいいか？　すでに40歳になろうとしている男が、ある裕福な人物に相談したという話です。

裕福な人物は、そんなことも知らないでよくその年までうかうかと生きてこられたものだと呆れながらも、金持ちになるための妙薬を処方してくれます。

その妙薬とは、**「早起き、家業、夜業、倹約、達者」**。

早起きと家業を大事にすること。そして夜遅くまで仕事をし、倹約する。さらに、健康であること。

この5つが金持ちになるための処方箋であり、この「妙薬」を毎日欠かさず飲めば、長者にならないことがあろうかと伝授します。

さらに薬を飲むだけではだめで、毒断ちをしなければいけない。

つまりやってはいけないことですが、**「美食を好み、色事に走ること」**、**「絹ものを普段着にすること」**、**「女房に贅沢をさせること」**など、日常生活の楽しみのほとんどが毒だというのです。

確かにこれらを断てばお金は貯まるでしょう。無粋な気もしますが、それくらいの覚悟がないと貯まらないということです。

さて、アドバイスを受けた男は、武家屋敷の修繕などの仕事を終えて帰路につく大工の一行が、帰り道に檜の木の切れっぱしを落としていくのを見て、拾い集め、売ったところ250文も儲かった。それを繰り返しているうちに、金持ちになった。

金持ちになっても、派手な生活をしなかった。

そうして70歳になったときに着物を飛騨紬にし、江戸前の魚の味を覚え、寺社巡りや芝居を見るようになった。

若いときは仕事と倹約に励み、財をなした老後に人生を楽しむ。そしてその財で社会貢献をする。それぞれの年代で向き合い方、使い方が違うということを、西鶴は指摘しているわけです。

❖もし西鶴に転職を相談したら?

仕事を転々と変えてはいけないということも言っています。

「自分には合わないのでは?」と言って、会社をすぐに辞めてしまう人がいますが、

「仕馴《しな》れた商売はやめてはならないものだ」

と、ある人物の言葉を借りて西鶴は言っています。

放蕩《ほうとう》が過ぎて親から勘当された新六という人物が京から江戸に行く際、宿もないので何人かの物乞いと夜を明かします。いずれも昔はひとかどの人物だったが、人生の選択を誤り、現在の境遇に落ちている者ばかり。

その中の一人は、以前はある田舎町で酒を造り、小銭を貯めた。ところがしがらみの多い田舎の商売はやめて江戸で一旗揚げようと、周囲の反対を押し切って上京した挙句、失敗したという。

「仕馴れた」田舎の仕事を放り出して、夢を見すぎたことによって転落したのです。

物乞いたちの話を聞き、アドバイスをもらった新六は、一反《いったん》木綿《もめん》を買って手ぬぐいとして切り売りする商売を始めた。天神様の縁日に下谷の天神様の手水《ちょうず》鉢の横で売り出したところ、縁起物として飛ぶように売れ、やがて財を築いたという。

人生の紆余曲折、それぞれの綾を描きつつ、お金に対する向き合い方、商売に対する考え方と実践を実例を挙げて教えてくれる。こんなに面白い本は、今の時代でもなかなか見当たりません。

登場人物たちが生き生きしていて、楽しみながら簡単に読めてしまう。

私も、もっと早く西鶴の薫陶を受けていたらと思うことがあります。

というのも、私は大学院に進んだのですが、世の中のことに関して疎かった。

周りの学生たちはそれぞれに就職先を探して、良い条件で職を得ていたのですが、すっかり乗り遅れました。30歳くらいになったとき、私は定職に就いておらずほとんど無収入なのに、同級生たちは皆、高額の収入を得ている。

愕然としました。

俺はいったい何をやっているんだろう?

そこから私なりに工夫と努力をしたのですが、なかなか最初は思うようにはいかない。

お金に関するような世知に関しては、やはり何かしら導き手や指導者が必要です。

日本の場合、お金は汚いものだという意識からか、誰もあまり語りたがらない。学校でも教えてくれません。

西鶴の作品は、まさに世知に疎い若い人こそ読むべきです。

制約だらけの中で自分らしさを表現する

――『病牀六尺《びょうしょうろくしゃく》』を読み解く

（正岡子規著 岩波文庫）

❖究極の外出自粛

近代日本の俳諧を形作ったと言っても過言ではない正岡子規。その晩年は病苦との闘いでした。結核に侵され結核菌が脊髄に入り、脊髄カリエスを発症し、最後は背中や尻に穴が開き、膿《うみ》がこぼれるという壮絶な病気です。

30歳の頃からは、ほぼ寝たきりでした。

「病床六尺、これが我世界である。しかもこの六尺の病床が余には広過ぎるのである」

「甚《はなは》だしい時は極端の苦痛に苦しめられて五分も一寸も体の動けない事がある」

そんな中でも、作家として何か書き残したい、言い表したいという思いで文章を書き、俳句を作り続けました。

死の2日前まで、新聞に連載原稿を送り続けたのです。

子規の病床生活は、まさに「究極の外出自粛」です。

「毎日見るものは新聞雑誌に限って居れど、それさへ読めないで苦しんで居る時も多いが、読めば腹の立つ事、癪《しゃく》にさはる事、たまには何となく嬉しくてために病苦を忘るるやうな事がないでもない」

と最初に述べ、いろんなことを批評する。十四話、5月26日の日記には、見てみたいものを挙げています。

「活動写真」「自転車の競争及び曲乗」「動物園の獅子及び駝鳥《だちょう》」「浅草水族館」「浅草花屋敷の狒々《ひひ》及び獺《かわうそ》」「自働電話及び紅色郵便箱」「ビヤホール」

こんな状態でも好奇心を失わなかったことがわかります。

❖病床の好奇心

十五話では狂言の話に触れています。

「『狂言記』といふ書物を人から借りて二つ三つ読んで見たが種々な点において面白い事が多い」

狂言は能楽の合間に演じられるものですが、能楽がまじめで高尚なのに対して、狂言は滑稽で卑俗な趣向で人々を楽しませる役割。むしろ昔の猿楽や田楽といった趣向は能よりも狂言のほうに残っているのではないかと分析しています。

「よくよく研究せねばわれわれには分らぬ事が多い。追々《おいおい》分つて来たらばいよいよ面白いに違ひない」

絶望することなく期待にワクワクしています。知的好奇心、向学心を忘れない。

「いくたびも雪の深さを尋ねけり」という子規の有名な句がありますが、病床から何度も、どれくらい雪が積もったかを人に聞く子規の姿が目に浮かびます。閉ざされた中で感覚を鋭敏に働かせる。

しんしんと降る雪の様子を、蒲団の中で思い描いていたのでしょう。俳人としての子規の感性の鋭さと、病床の不憫な思いが庭の雪景色に重なる名句です。

二十一話、

「余は今まで禅宗のいはゆる悟りといふ事を誤解して居た。悟りといふ事は如何なる場合にも平気で死ぬる事かと思つて居たのは間違ひで、悟りといふ事は如何なる場合にも平気で生きて居る事であった」

生きる苦しみは死の苦しみ以上のもの。病の身であるからこそ実感したのでしょう。

三十九話、

「この頃のやうに、身動きが出来なくなつては、精神の煩悶《はんもん》を起して、（中略）いよいよ煩悶する。頭がムシヤムシヤとなる。もはやたまらんので、こらへにこらへた袋の緒は切れて、遂に破裂する。もうかうなると駄目である。絶叫。号泣。（中略）誰かこの苦を助けてくれるものはあるまいか（後略）」

壮絶な苦しみの記述です。死ぬことができればそれが何よりの望みだとさえ言います。

❖存在を残す

子規の話は、様々に広がります。教育は女子にこそ必要だと語ったり、能楽は一人でいろんな役をやるようにしたらいいと書いてみたり。

1日1話、新聞に連載していきます。

8月20日、100回目の連載を迎えます。

「『病牀六尺』が百に満ちた。一日に一つとすれば百日過ぎたわけで、百日の日月は極めて短いものに相違ないが、それが余にとっては十年も過ぎたやうな感じがするのである」

新聞社に原稿を送るのに、袋に上書きを書くのが面倒なので印刷してもらった。「病人としては余り先きの長い事をやるといふて笑はれはすまいかと窃《ひそ》かに心配して居った」とは子規一流のユーモアです。

しかし、病は進行し、百二十四話（9月13日）、

「人間の苦痛はよほど極度へまで想像せられるが、しかしそんなに極度にまで想像したやうな苦痛が自分のこの身の上に来るとはちよつと想像せられぬ事である」

最後は百二十七話、9月17日で終わっています。

9月18日、子規は妹の律らに助けられながら、最後の筆を執ります。

「糸瓜咲て痰のつまりし仏かな」
「痰一斗糸瓜の水も間にあはず」
「をとゝひのへちまの水も取らざりき」

ここで筆を投げた。筆先が敷布に触れ、わずかに墨が付いた。9月19日に息を引き取ります。享年34歳。

表現すること、自分の存在を残すという気持ちが、人を強くするのだと思います。

4章　折れない心と体を手に入れる

――古典と絵本、漫画で「生きる力」を強化する

「最近の若い人は打たれ弱くて」と、大人たちはよく嘆いています。ちょっと叱っただけで落ち込んで、会社を休んでしまったりする。

たしかに叱られ慣れていないという面はあるでしょう。

しかし、若い人たちが皆打たれ弱いかというと、学生たちを見ている私は、必ずしもそうとは言えないと思っています。

若い人たちは柔軟に新しい環境に適応します。アイデアがあり、ＩＴにも強い。

柔らかさ、柔軟性こそ強さだと思います。

「水は方円の器に従う」と言ったのは中国の思想家・韓非子《かんぴし》ですが、どんな器にも水は収まります。

真の強さとは柔らかさであり、柔軟性なのです。その意味では若い人は柔軟性があるから強い。ところが年を取って頭が固くなり、柔軟性を失っていると、自分では強いはずだと思っていても、意外にポキリと心が折れてしまうということがあると思います。

四聖のひとりとされる孔子の言語録である『**論語**』は、約2500年前から語り継がれてきたスーパー・ロングセラーです。

孔子と弟子の生き生きとした会話の中に、今を生きる処世訓が輝いています。

とっつきにくいイメージがありますが、難しくて凝り固まった理屈は一切ありません。

『**古事記**』を読んで、日本の神話を改めて振り返ると、日本人としての軸ができます。多少心が揺れても、振り子のように元に戻れる。それも柔らかさと強さになります。

そのほか、いくつかの作品を挙げました。

『**整体入門**』は体に気を取り入れ、赤ちゃんのように柔らかくすることを目指します。体が柔らかくなれば心も柔らかくなるのです。

しなやかで、打たれ強い心の作り方を、読書を通じてさぐってみましょう。

2500年読まれ続けた古典から生き方の〝芯〟を学ぶ

――『論語』を読み解く

（齋藤孝訳　ちくま文庫）

❖短い言葉で本質を突く

『論語』は、今から約2500年前、中国の春秋時代に活躍した孔子の言葉を、弟子たちが孔子亡き後に皆でまとめたものです。

当時の中国は群雄割拠の状態で、国同士の争いが絶えませんでした。そんなときに孔子は「仁」（真心、誠意）の大切さを説き、「礼」を重んじた。社会の混乱の中で人間性を失うのではなく、その本質を取り戻すことが人を救い、世の中を良くすると考えたのです。

孔子の言葉は短く、スパッと本質を突きます。理屈っぽくならず、わかりやすい。教育者としてまさに鑑のような人物です。

あるとき、孔子が弟子2人に「お前たちの志を言ってごらん」と突然聞いた。子路《しろ》という弟子は「自分の馬車や毛皮の外套を友と共有し、友がそれをダメにしても恨まないような人でありたいです」と言った。

もう一人の顔淵《がんえん》（顔回《がんかい》）という弟子は、「自分の善いところを誇らず、人に対して辛いことを押し付けないような人でありたいです」と答えます。

そして、子路が「先生の志を聞かせてください」と言った。孔子は、

「『老者《ろうしゃ》は之《こ》れを安《やす》んじ、朋友《ほうゆう》は之れを信じ、少者《しょうしゃ》は之れを懐《なつ》けん』」

と答えます。「老人には安心され、友人には信頼され、後輩には慕われる。そんな人でありたいね」と言うのです。

具体的でわかりやすく、説得力がある。こう言い回しを即座にできるのが孔子なのです。こんな人が近くにいたら話が聞きたくなります。弟子が3千人もいたというのも頷けます。

❖過激に道を求める

孔子は仁や礼を説いたのだから、さぞかし性格も温厚だろうと思ったら大間違い。

真理探究、学問の道に関しては厳しく、ときに過激です。

「『朝《あした》に道《みち》を聞《き》かば、夕《ゆうべ》に死《し》すとも可《か》なり』」

朝、正しく生きるための道を知ることができたなら、その日の晩に死んでしまってもかまわない、未練はない。それくらいの勢いで真理を求めていたのです。

あるとき弟子の一人が、孔子に「先生の道を学ぶことが嫌なわけではないのです。ただ自分の力が足りないのです」と嘆いたところ、ピシャリと言います。

「『力《ちから》足らざる者は、中道《ちゅうどう》にして廃《はい》す。今女《いまなんじ》は画《かぎ》れり』」

「本当に力が足りない者であれば、とっくに諦めて辞めているはずだ。今おまえは予防線を張るように、自分で自分の限界をつくってしまったのだ。まだやれることをしていないではないか」と。

一見、謙遜に聞こえる弟子の言葉。その裏に潜むズルさを孔子先生は見逃しません。しかし、この言葉の裏には「お前はやればできるはずだ」という意味が隠されている。

孔子流の温かい叱咤激励なのです。

❖一以って之れを貫く

『論語』を読んでいると、孔子が弟子たちとの会話を楽しんでいるのがわかります。

あるとき孔子は、優秀だとされる子貢《しこう》という弟子に、

「顔回とお前と、どちらが優秀だろうか」

と、問いかけます。なかなか厄介な先生のように思えますが、先生と弟子の信頼関係ができているのでしょう。少しいたずら心もあったようです。子貢はこう答えます。

「『賜《し》や何《なん》ぞ敢《あ》えて回《かい》を望《のぞ》まん。回や一《いち》を聞《き》いて以《も》って十《じゅう》を知《し》る。賜《し》や一を聞いて以って二《に》を知る』」

賜とは子貢自身のこと。回とは顔回（顔淵）のこと。

「自分はどうして顔回にかないましょうか。顔回は一を聞いて十を知ります。私はせいぜい一を聞いて二を知るくらいです」

と答えます。

顔回というのは、孔子が一番かわいがっていた弟子です。もっとも優秀で学問を好み、人格も優れていた。いくら子貢といえども顔回にはかなわない。

「そうだよね。お前も、この私も、かなわないのだよ」

と、孔子はその答えに満足します。

また、子貢に「私は物知りだと思うかね？」と聞きます。これもちょっとひねった問いかけですね。聞かれた方は「そう思いません」とは答えられないし、困ってしまいます。

「『然《しか》り。非《ひ》なる与《か》』／曰《い》わく、／『非也《ひなり》。予《わ》れは一以《いつも》って之《こ》れを貫《つらぬ》く』」

「そう（物知り）でしょう。違うんですか？」と子貢が答えると、即座に、

「違うんだよ。ひとつの大事なことで貫いているだけなんだよ」

と言います。知識を増やし、それに頼っているわけではない。仁などの原則を貫いているだけだと言うのです。

「一以って之を貫く」、迷ったときに思い出したい言葉です。

「一生かけて行う価値のあることはありますか？」と同じく子貢に問われて、

「『其《そ》れ恕乎《じょか》。己《おのれ》の欲《ほっ》せざる所《ところ》は、人《ひと》に施《ほどこ》すこと勿《な》かれ』」

恕とは思いやりのこと。自分が嫌だと思うことは人にしないこと。考えてみれば、これを守りさえすれば、世の中全てうまくいきます。

孔子は難しい言葉は使いません。簡単明瞭ですが、よく考えるとすべて深い。

❖弟子の死に慟哭

今の人たちにとって『論語』はとっつきにくいかもしれません。しかし読んでみると面白い。彼らが生き生きと心の中によみがえる。ドラマがあるんですね。

先にも出た、第一の弟子顔回（顔淵）は、師の孔子よりも先に若くして亡くなってしまいます。孔子が全幅の信頼を寄せ、後継者と考えていただけに、その悲しみと嘆きは尋常ではありませんでした。

「顔淵《がんえんし》死《し》す。子《し》曰《い》わく、／『噫《ああ》。天《てん》、予《わ》れを喪《ほろぼ》せり。天、予れを喪せり』」

顔淵が死んだ。そのとき孔子は初めて天に向かって絶望的に叫びます。「天は私を滅ぼした」とまで言うのです。

「顔淵死す。子、之れを哭《こく》して慟《どう》す。従《したご》う者曰わく、／『子慟す』／曰わく、／『慟する有《あ》る乎《か》。夫《か》の人の為《た》めに慟するに非《あら》ずして誰《た》が為《た》めにせん』」

孔子は慟哭します。大声を上げて泣く師の姿を見て周りの者たちは驚き、「先生は大声を上げて泣いていましたね」と言います。これまでそんな姿を見たことがないからです。孔子は、「ああ、そうだったか、声を上げて泣いていたかね。顔淵が逝ったあのときに声を上げなかったら、一体人間はいつ慟哭することがあるのかね」と答えます。感情豊かで自分に正直な人でした。それが孔子の魅力であり『論語』の面白さなのです。

下村湖人の『**論語物語**』も、ぜひお読みください。ストーリーの中に『論語』の言葉が溶け込んでいて、最高です。

ルーツにさかのぼり精神を安定させる

――『口語訳 古事記［神代篇《かみよ》］』を読み解く
（三浦佑之訳・注釈 文春文庫）

❖「日常の穴」

神話の世界というのは、私たちの魂のルーツみたいなものです。

日々の仕事や生活に追われていると、その中でしかものごとを考えなくなってしまいます。いわば「日常の壁」に突き当たり、「日常の穴」にはまってしまうという状態です。

この状態でなにか解決しなくてはならない問題が降りかかってくると、どうすればいいかわからず、お手上げといった不安定な心境になりがちです。

こういうとき、ルーツにさかのぼるのは、精神を安定させる有効な方法です。日常の穴から抜け出すために、一番古いもの、つまり神話に触れましょう。『古事記』です。

まずは口語訳をお勧めします。文春文庫の三浦佑之《すけゆき》さんの『**口語訳 古事記**』を紹介します。［神代篇］は、有名な話がたくさんあります。本文はそんなに長くないので、1日〜2日あれば読めます。

「その１」は、イザナギとイザナミによる国土創生です。高天原は天上界、中つ国が地上、黄泉《よみ》の国が地下という3層構造になっています。イザナギ・イザナミのお二方が、漂っている国をまとめ固めよと命じられて、天からオノゴロ島に降りて、天《あめ》の御柱《みはしら》を立てます。イザナギが、

「わが身は、成り成りして、成り余っているところがひとところある。そこで、このわが身の成り余っているところを、お前の成り合わないところに刺しふさいで、国土《くにつち》を生み成そうと思う。生むこと、いかに」

と言う。イザナミは「それはとても楽しそう」ということで、

「それならば、われとお前と、この天の御柱を行きめぐり、逢ったところで、ミトノマグハヒをなそうぞ」

と、国土をつくる。最初からオープンな感じで始まります。それが日本の神話です。本来この国は、あけっぴろげで明るいのです。

❖伊勢系と出雲系

「その2」は、アマテラスとスサノオの話。有名な天の岩戸の話があります。「その5」にはオオクニヌシの国譲りの話があります。オオクニヌシといえば出雲大社。国を譲らされた存在です。だから伊勢神宮と出雲大社は神の系統が違います。

神が天上から地上に降り立ったことを「天孫降臨」と言います。天照大御神の神勅によって降りて来る。神々が降りて日本を統治するという『古事記』の世界の説明がある。これが「神代篇」です。「人代《ひとよ》篇」にはヤマトタケルの話とか、仁徳天皇、雄略天皇など、歴史的に名が残っている人物たちがどんどん出てきます。

口語訳でとりあえず、「神代篇」を読んでみましょう。一気に読めるので、最初に『古事記』に触れるにはいいでしょう。

私も『声に出して読みたい古事記』を出していますが、原文に関心のある方には角川ソフィア文庫の『新版 古事記 現代語訳付き』もお勧めです。漢字だけの原文も付いています。

じつはこれを読み解くのが江戸時代、ものすごく大変だったのです。あの本居宣長も大変に苦労しました。その成果もあって、私たちはいま口語訳で読むことができるのです。

大変な目にあっても前を向く強さとは

――『方丈記 全訳注』を読み解く

（鴨長明／安良岡康作著 講談社学術文庫）

❖壮絶な天変地異による無常観

古文に触れるコツは、いきなり原文はきついので、現代語訳付きのものを読むことです。講談社学術文庫の『**方丈記 全訳注**』は訳と注釈、解説がついているのでわかりやすいでしょう。

「行《ゆ》く河の流れは絶《た》えずして、しかも、もとの水にあらず。よどみに浮《うか》ぶうたかたは、かつ消《き》え、かつ結《むす》びて、久《ひさ》しくとどまりたる例《ためし》なし」

有名な冒頭部分です。水の流れは恒常でも、水は一瞬で流れ、元の水とは違っている。恒常と無常の対比が見事です。

「祇園精舎の鐘の声 諸行無常の響きあり」でおなじみの『平家物語』の冒頭と似ているように見えますが、『平家物語』は戦記物です（源平が戦って平家が滅びるまでを描いています）。

「知《し》らず、生《うま》れ・死《し》ぬる人、何方《いづかた》より来《きた》りて、何方へか去《さ》る」

自分の人生は水の泡に似ている。どこから来て、どこへ行くのかもわからずに去っていく、水の泡のようなものだ。

私たちも、コロナ禍や大雨のような不慮の事態に巻き込まれると、儚《はかな》いなという感じがします。あっけない、こんなに振り回されてしまうものなのかという気持ちになった方も多いでしょう。

『方丈記』は、いろいろな災害を経てこういう気持ちになった、ということを綴った本なので、災害の記述が多く出てきます。そして、

「世《よ》の中《なか》にある人《ひと》と栖《すみか》と、またかくの如《ごと》し」

とつながっていきます。住んでいるところが、ひとつのテーマになっています。

この無常観は仏教から来ているということもありますが、日本のような天変地異の多い自然環境からも来ていると、『方丈記』を読むと感じます。

❖今の日本人との共通点

辻風の話が出て来ます。京の町に地獄の業《ごう》の風とはこういうものか、というほどの風が吹いた。昔の家は今と違ってもろいですから、家々が被害を受け、怪我をした数は計り知れないという記述があります。

養和の飢饉の話もあります。

「道のほとりに、飢《う》ゑ死《し》ぬる者の類、数《かず》も知らず。取《と》り捨《す》つるわざも知らねば、臭《くさ》き香《か》、世界《せかい》に満《み》ち満ちて、変りゆくかたち・有様《ありさま》、目《め》も当てられぬ事多かり」

道端で飢死している人が数知れず、たまらなく臭くて目も当てられない。

「去《さ》り難《がた》き妻《め》・夫《おとこ》持ちたる者は、その思《おも》ひまさりて深き者、必ず、先立《さきだ》ちて死《し》ぬ」

「その故《ゆえ》は、わが身《み》は次《つぎ》にして、人をいたはしく思ふ間に、まれまれ得《え》たる食《く》ひ物《もの》をも、彼《かれ》に譲《ゆず》るによりてなり。されば、親子《おやこ》ある者は、定《さだ》まれる事にて、親ぞ先立《さきだ》ちける。また、母の命《いのち》尽《つ》きたるを知らずして、いとけなき子の、なほ、乳《ち》を吸《す》ひつつ臥《ふ》せるなどもありけり」

想いが深いほうが相手に食べ物を譲るので、先に死んでいく。少ない食べ物を子に分け与え、親が先に死んでいく。切羽詰まったときでも、子どもや相手に譲る生き方をしていた。物を奪い合って、相手を傷つけ合っているという描写ではなくて、家族の愛情が見られる。大変なことが起こったときにいがみ合ったり、傷つけ合ったりするのではない。

悲惨な事態の中でも優しさを失わなかったんだな、ということがわかる描写です。

3年後、大地震が一帯を襲います。

「おびただしく、大地震《おおない》ふる事侍《はんべ》りき。そのさま、世《よ》の常《つね》ならず。山は崩れて、河を埋み、海《うみ》は傾《かたぶ》きて、陸地《くがぢ》を浸《ひた》せり。土裂《さ》けて、水湧《わ》き出《い》で、巌《いわお》割《わ》れて、谷《たに》に転《まろ》び入《い》る。渚《なぎさ》漕《こ》ぐ船は、波に漂《ただよ》ひ、道行《みちゆ》く馬は、足の立《た》ち所を惑《まど》はす」

大変な被害をもたらしたことが書かれています。

京都の寺院も倒壊した。

最初こそ、人々はあれこれ言っていたが、年数が経ったら忘れたのか、**あまり振り返らずに元の生活に戻っていった、次へと切り替えていった**と言います。このあたりも、今の日本人と変わりません。


今の時代、大雨、台風、洪水、地震といった天災、疫病や食糧問題が次々に起こりつつあります。困難な時代ですが、千年近く前に同じような体験をした長明の『方丈記』は、私たちに生き方のヒントを示してくれます。

『方丈記』は、狭い方丈の中に自分の住まいを見つけて住むことで、落ち着いたと言っています。

山の草庵生活について触れています。


「ただ、糸竹《しちく》・花月を友とせんには及《し》かじ」

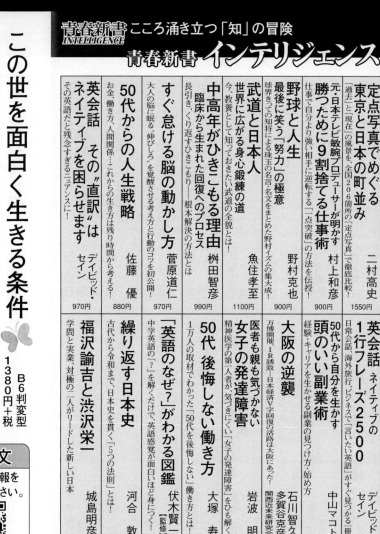

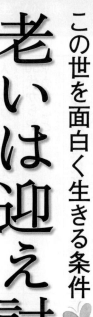

青春読
第111回「迎え討つ
このケーキが明日にはカピカピになること
後で食べよっと
討つなら?
それボクのだし!
©R&S COMMUNICA

楽器と季節の風物を友人とするに越したことはない。ヤドカリが小さい貝に棲むのが好きなように、大きな住まいのために奔走せず、小さな静かな住まいを望んでいるのです。ヤドカリのことを昔、寄居と呼びました。

「寄居《かんな》は小さき貝を好《この》む。これ、事知《ことし》れるによりてなり。鶚《みさご》は荒磯《あらいそ》に居る。即ち、人を恐るるが故なり。われまた、かくの如し。事を知り、世《よ》を知れれば、願《ねが》はず、走らず。ただ、静かなるを望《のぞ》みとし、憂《うれ》へなきを楽《たの》しみとす」

「人に交《まじ》はらざれば、姿《すがた》を恥《は》づる悔《くい》もなし」

家を造るのは、当時もそれなりに手間がかかったでしょう。ヤドカリみたいに小さい家のほうが落ち着くよ、精神的な負担も少ないよと。

粗末な食事も嬉しくなる。命を維持するだけの食料があればいい。今で言うミニマリストですね。あまり多くを必要としないで、最終的にはそれでいい。身ひとつでいい。

友達も少なくしているから、心を煩わせることもない。

「三界《さんがい》は、ただ、心一《こころひと》つなり。心もし安《やす》からずは、象馬《ぞうめ》・七珍《しちちん》もよしなく、宮殿・楼《ろう》閣《かく》も望《のぞ》みなし」

「今、さびしき住《す》まひ、一間《ひとま》の庵《いおり》、自《みづか》らこれを愛《あい》す」

「魚は水に飽《あ》かず。魚にあらざれば、その心を知《し》らず。鳥は、林《はやし》を願《ねが》ふ。鳥にあらざれば、その心を知らず。閑居《かんきょ》の気味《きみ》も、また同じ。住《す》まずして、誰か悟《さと》らん」


心安らかになることが大事。

魚は水に飽きない。鳥は林にいるのが一番。

鳥にならなければ、その心はわからない。

閑静な住まいの良さも、住んでみないとなかなかわからない。

心を煩わせるものを減らして、静かな住居で静かに暮らすのが良いと、長明は綴っています。

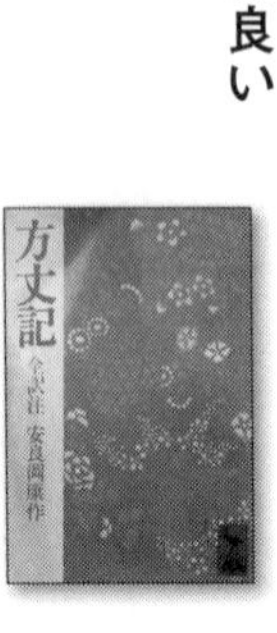

美・芸術の力で「むなしさの壁」を乗り越える

――『クレーの絵本』を読み解く

（谷川俊太郎詩　パウル・クレー画　講談社）

❖「美」という砦

美しいものを見たとき、心が揺れる。それは自分がインスパイアされたということです。刺激を与えられる、霊感を与えられる。それは人生の喜びの瞬間でもあります。

行き詰まったとき、人生がむなしいと思ったとき、むなしさの壁をどう乗り越えるか？　ポイントになるのが「美」だと思います。

この世界がすべてむなしいとしても、芸術＝美が潤いを与えてくれるのです。

『クレーの絵本』は、画家パウル・クレーの描いた絵に、谷川俊太郎さんが詩を付けたものです。絵からのインスピレーション（霊感）が詩になっています。

表紙の黄金の魚にも、詩が付けられています。

「おおきなさかなはおおきなくちで／ちゅうくらいのさかなをたべ／ちゅうくらいのさかなは／ちいさなさかなをたべ／ちいさなさかなは／もっとちいさな／さかなをたべ／いのちはいのちをいけにえとして／ひかりかがやく／しあわせはふしあわせをやしないとして／はなひらく／どんなよろこびのふかいうみにも／ひとつぶのなみだが／とけていないということはない」


面白いコラボレーションです。

絵に触発されて言葉が出てくる。

谷川俊太郎さんのような詩人ではなくても、「響き合ってるな」という感じで、自分なりの受け取り方で向き合う。それが本来の芸術との接し方だと思います。

自分らしくいられる「心の避難場所」を持つ

――『ピアノの森』を読み解く

（一色まこと作　講談社モーニングKC）

❖誰もが持っている

私は漫画も好きです。優れた漫画には深い世界が描かれています。

森の果ての治安の悪い地域に住む少年の話です。

お母さんは水商売をしていて、お父さんは誰だかわからないという環境で育った一ノ瀬海《かい》くんは、ピアノに出会って成長します。

森の中になぜかピアノが置いてあった。その子だけが鳴らせるピアノなんです。放置されて長い月日が経つので調律がガタガタなのに、彼が弾くと美しい音楽になる。

もともとそのピアノの所有者だったのは、阿字野壮介という小学校の音楽教師です。

海くんは、阿字野先生にピアノを教わります。阿字野先生はかつて天才ピアニストで、ショパン・コンクールに出場した。その物語が海くんにも乗り移り、やがてショパン・コンクールに自分が挑戦することになる。

漫画ですから音は出ないのですが、画を見ていると音楽が聞こえてくる。ショパン・コンクールの当日、いざ演奏会になると緊張してしまう。そこでいつもの森の光景を思い浮かべるんですね。一匹のアリに「俺がピアノを聴かせてやる」というつもりで、森のピアノに向かっているつもりになったら落ち着いて弾けた。

漫画の良さはイメージを画で表現できるところです。コンサート会場が一瞬で森の情景になる。

世界が変わった感じが伝わり、大人も楽しめます。


自分にとっての森はどこか？　ピアノは何か？

誰の心にも「森のピアノ」がある。大人になってからもその人の拠りどころになっている、心の避難場所。

プールで泳いでいる時間、犬と散歩している時間。人それぞれだと思います。水泳選手なのかといったことは関係ありません。

自分らしくいられる時間や場所、自分の「森」を、ぜひ探してみて下さい。

漫画で歴史と英雄をリアルにイメージする

――『へうげもの』を読み解く

（山田芳裕作　講談社モーニングKC）

❖茶の湯の不思議な世界

同じく講談社の「モーニング」で連載された漫画です。織田信長、豊臣秀吉に仕えた戦国武将・古田織部《おりべ》の話です。信長、秀吉、家康が登場しますが、物語の中心人物として織部と利休がいます。

当時、戦国時代の真っただ中でありながら、武将の間で茶の湯が流行《はや》った。戦国武将たちのお茶会はしょっちゅうある。**ずっと殺し合ってるのに、なぜか茶会はやる。**よくできた茶碗が城一城分の価値を持った。茶の湯というのは不思議な世界です。

その茶の湯を通してその時代を見る。この漫画では本能寺の変に秀吉が関わっている、という筋になっています。歴史物が好きな人にとっては面白く、また茶の湯の世界とは何だったのかがよくわかります。

へうげもの（ひょうげもの）とはひょうきんもの、おかしい人のこと。それが古田織部で、戦国武将ながら、茶の湯に魂を奪われていきます。信長からは壮大な世界観を学び、利休からは精神性を学び、いろんな人と出会いながら世界を広げていく。

漫画だと、「あぁ、なるほど。こういう感じの人だったんだろうな」と、リアルにイメージが湧きます。

秀吉はサルと呼ばれていたからといって無教養な男かというと、そんなことはありません。利休と対立し、利休は追い込まれていきます。

利休が狭い茶室を作る一方で、秀吉は黄金のそれを作る。正反対の人間性に思えますが、秀吉は利休を深く理解している面もある。

家康がまた魅力的に描かれています。秀吉を見くびってはいけない、秀吉の気力はすさまじいから、死ぬまで待てと言う。血気盛んな息子に、侮るなと一喝する。

秀吉が死ぬやいなや一気に大坂冬の陣、夏の陣で豊臣家を滅ぼしてしまう。お互い敵同士ながら相手を深く理解している。そのあたりも含めて、非常にキャラクターが面白い。

日本の伝統と歴史を漫画で楽しみながら知ることができる。ぜひ一人の時間に読んでみるとよいでしょう。

活力を取り戻し、疲れにくい体になる

――『整体入門』を読み解く
（野口晴哉著　ちくま文庫）

❖活元運動とは何か

野口晴哉《はるちか》さんは気の達人です。

私たちはよく「元気ですか？」と人に聞きます。自然に「気」という言葉を使っているのですが、「気」とは何かを取り立てて考えはしないでしょう。

「気」について研究し、体を整える独自の整体法を作ったのが野口さんです。じつは私も若い頃に野口整体の教室に通ったことがあります。

野口整体では**「活元運動」**を重視します。体の中の元気を取り戻す方法です。

活元運動の前に、まず邪気を吐きます。体の中の悪い気を吐き出す。

やり方は、両手でみぞおちを押さえて、老廃の気を全部吐き出す気持ちで体をかがめるようにして吐く。体を倒すようにしてやると、あくびが出てくることもあります。あくびも活元運動ですから効果が出ていると考えてください。

私たちは睡眠中に無意識に寝返りを打ちます。「寝相が悪い」という表現がありますが、むしろ良いこと。寝ている間に体を動かすことで調整しているわけです。

寝返りを自然に打てないのは、体が固まっているということです。

寝ている間にゴロゴロ動くことで疲れが取れて、朝スッキリする。これが活元運動の本質です。

寝ている間でなく、起きている状態でそれが起こるようにする。慣れてくると、けっこう自然に動けるようになってきます。


そういえば、子どもはあまり肩が凝りません。

NHKの番組『チコちゃんに叱られる!』でも、子どもはなぜ肩が凝らないのか、実験をしていました。赤ちゃんの動きを大人が真似したら、肩こりが解消した。子どもは無駄な動きが多いから、肩が凝らないというのです。

子どもは無駄な動きが多い、というのは私が常々思っていることです。小学1、2、3年生の男子はとくにそうです。無駄な動きをして疲れるかというと、そうではない。ますます元気になっていくのです。

ところが大人になると無駄をしなくなる。同時に体が固まってしまうのです。とくに会社員はスーツを着て肩が固定されていますから、肩甲骨をグルグル回すことなどしません。姿勢も固まってしまいがちです。

意識して無駄な動きを生活の中に取り入れ、体をほぐしてやる必要があるのです。

❖合掌行気法と愉気法

「合掌行気法」が紹介されています。まず合掌して指から手掌《てのひら》へ息を吸い込んで吐く、その合掌した手で呼吸する。

やっていると手掌がだんだん温かくなり、熱くなり、むずむずとアリが這っているかのような感覚がしてくる。そのまま呼吸を続けると、だんだん手の先から呼吸しているようなイメージになって、「天地一指《てんちいっし》」という感じになり、充実した感覚が出てきます。

あったかさ、ムズムズ感が増してきます。

ここが中心になって自分が包まれているようになる。「全一感《ぜんいつかん》」というんでしょうか、全き一つのもの、と感じられるようになる。

手がバラバラなときよりも、パチッと合わさった方が、自分の体がバラバラではなく一つにまとまっている感じがします。お祈りするときも手を合わせます。左右バラバラの落ち着きのない手、活動しようとしている手を、仏像のように合わせる。

閉じるのではなく掌で呼吸しているイメージです。落ち着いて気が満ちてきます。

その続きで、合掌して両手を3センチほど離す方法が紹介されています。もにょもにょ〜っという感じが出てくると思います、これが気の感覚です。磁石のような感じで、「あぁこれが気かな」と感じると思います。

続いて、人の体に気を送って通す「**愉気法**」が紹介されています。

私たちは疲れてくると自然と、肩に当てるとか、腰に手を当てたりします。あるいは子どもをほめるときに「なでなで」したりしますが、そうするとオキシトシンという脳内物質、別名「幸せホルモン」が出てちょっと落ち着くそうです。

昔の人は、そういうことが自然にわかっていたのかもしれません。

デスクワークで凝ってきたら肩に手を置くとか、疲れて座り込んでいる人がいたら背中をさすってあげるというのは自然な体の知恵なのです。

気の存在は、普段は忘れてしまっていますが、意識してみるといいと思います。

5章 世界を「新しい視点」でとらえ直す

——「当たり前」から離れると発見がある

平和で不自由のない生活をしていると、それが当たり前になりがちです。

コロナ禍のような予期しない事態によって、じつは当たり前ではなく、文字通り「有り難い」ことだと気づきます。

すると、世の中の見方、見え方が違ってきます。


「人と会えない、集まれないって、こんなに不自由で、社会の動きを止めてしまうものなのか」

「外出や旅行ができない日が続くと息がつまるし経済も止まる。移動は人間にとって、あってもなくてもいいものではなく、睡眠や食事に準ずるくらい重要な、本性に根差した欲求なのかもしれない」

「在宅勤務をしてみて、自宅でもできることや、オフィスでしかできないことも見えてきた」

「毎晩、仕事のあと夕食の用意するのってこんなに大変だったのか」


皆さんもいろいろな「気づき」、「発見」があったのではないでしょうか？

予期せぬ出来事で不自由な生活に陥ることも、学びのきっかけといえるでしょう。

私たちは、ふつうは五感を通して世界を感じ、自分自身も認識します。生まれたときから五感が備わっていると、それが「当たり前」になってしまう。しかし生まれつき、あるいは病気などでその感覚を失っている人がいます。

目も耳も不自由でありながら言葉を知り、世界を認識し、苦労して勉強した**ヘレン・ケラー**はあまりにも有名ですが、彼女が書いた本を直接読んだ人は少ないのではないでしょうか？

『記憶喪失になったぼくが見た世界』は、交通事故ですっかり記憶を失ってしまった青年の記録です。両親も家も忘れている。絶望的な状況なのに、なぜかとても力強く明るい。それは青年にとって、世の中が新鮮な驚きの連続だからでしょう。

新鮮な目線で世界を捉え、作品にするのが詩人です。こんなふうに見るのか！**まど・みちお**さんの詩を読むと、感じるはずです。

この章では、**新しい発見につながるものの見方**を学びましょう。

バイアスを捨ててものを見る

――『記憶喪失になったぼくが見た世界』を読み解く

（坪倉優介著　朝日文庫）

❖「ごはん」を思い出せない

１９７０年生まれの著者は、18歳のとき、乗っていたスクーターがトラックに衝突し意識不明の重体に陥ります。集中治療室に入って10日後、奇跡的に意識を取り戻しますが、重度の記憶喪失になってしまいます。

そのときの様々な体験をまとめた本書の内容は、いろんな意味で衝撃的。記憶がなくなるというのはこういうことかと、驚きの連続です。

最初の記述は、退院して初めて自分の家に帰るシーンです。

「目のまえにある物は、はじめて見る物ばかり。なにかが、ぼくをひっぱった。ひっぱられて、しばらくあるく。すると、おされてやわらかい物にすわらされる。

ばたん、ばたんと音がする。

いろいろな物が見えるけど、それがなんなのか、わからない。

だからそのまま、やわらかい物の上にすわっていると、とつぜん動きだした」

かろうじて言葉はしゃべれるのですが、自分の両親も、住んでいた家も、大学の友人たちも、何もかも忘れている。

お母さんはまるで小さい子どもを育てるように、もう一度育て直すのです。

「かあさんが、ぼくのまえになにかをおいた。けむりが、もやもやと出てくるのを見て、すぐに中をのぞく。すると光るつぶつぶがいっぱい入っている。きれい。でもこんなきれいな物を、どうすればいいのだろう。

じっと見ていると、かあさんが、こうしてたべるのよとおしえてくれる。なにか、すごいことがおこるような気がしてきた。だから、かあさんと同じように、ぴかぴか光るつぶつぶを、口の中へ入れた。それが舌にあたるといいたい。なんだ、いったい。こんな物をどうするんだ。

かあさんを見ると笑いながら、こうしてかみなさいと言って、口を動かす」

食べるということ、噛むということ自体、忘れてしまっているわけです。

記憶喪失ってすごいものです。

「そうなのか、あのぴかぴか光る物のことを『ごはん』というんだ。それに口の中で、こういうふうになることを、『おいしい』というのか」

❖一人ひとり違うのに、なぜ同じ「人間」？

やがて大学にひとりで行くようになるのですが、これも発見の連続です。すべてを失ったのに、絵を描く能力だけは失っていなかった。大阪芸大に行っていた人なので、絵が上手で前と変わらず描ける。

大学の友人のことはすべて忘れてしまっている。新たに関係を作り直していかねばなりません。

その中で、友人に勧められて「色のついた水」＝ジュースを飲むシーンも面白い。自動販売機は大きな箱に見え、お金は何やらキラキラしたものと表現しています。

人間という言葉の捉え方も興味深いです。同じ形をした人間はひとりもいない。「人間てなんですか?」と友人に聞く。あれも人間、これも人間て言うんだけど、一人ひとり顔も違えば背丈も体形も違う。

なのに「人間」とひとくくりにするのが理解できないのです。でも、言われてみると確かにそうですね。全員違うのに、なぜ全員が「人間」なのか?

❖山で見つけた生命の色

坪倉さんはその後、染織の世界に入って、草木染めをします。梅の木で色を染める草木染を仕事にしたのですが、思い通りの色が出ない。

「そうだったのか。二本の枝を手にとって比べてみると、一見、まったく同じように見える。でも、切り口をのぞいてみると、一方の枝の内側には薄くて赤い線が入っている。そしてもう一方のは茶色いままだ。

そうなのだ。花を咲かせる前の枝と、咲かせ終わった枝とでは、染め上がった色がぜんぜん違うのだ。これが生命《いのち》の色なんだ。

仕方ない、三月の梅の花を咲かす前の枝を手に入れるために、この着物を染めるのは、もう一年待とう」

すべての記憶を失ったのに、自然を感じ取る力はむしろ高まっている。

現象学という学問があります。思い込みや先入観でものを見るのではなくて、丁寧に世界を見直してみるということです。

坪倉さんの世界は、まさに現象学です。たとえばごはんについて、予備知識をすべて消して、新たに見直すのが現象学です。

赤ちゃんのように世界を見る。

もう一度、世界と出会う。

赤ちゃんは残念ながら、言葉や文字で表現してくれません。

坪倉さんは大人の知性を持ち、言葉は忘れていなかったから記述できた。

危機に陥ったとき、一度これまでの先入観、思い込みを捨て、まっさらな無垢な目で世の中を見直して世界をとらえ直すことが求められます。

坪倉さんの本から、そのヒントを読み取れるのではないでしょうか。

全盲の東大教授からコミュニケーションを学ぶ

――『ぼくの命は言葉とともにある』を読み解く

（福島智著　致知出版社）

❖絶望と苦悩の違い

１９６２年生まれの福島さんは、３歳で右目、９歳で左目を失明しました。さらに18歳で失聴します。

けれども全盲ろう者として初めて大学に進学。２００８年から東大教授に就任しました。全盲ろうで大学教授になった人は世界初だそうです。

東大に提出する博士論文を書いている途中、ある本でフランクルの公式「絶望＝苦悩マイナス意味」を知ります。つまり**絶望とは、意味なき苦悩のことである。**

「これを読んだ瞬間、点字を読む私の両手の人差し指の動きが一瞬止まった」

点字を指先でなぞりながら、これはすごい公式だ、と衝撃を受けるのですね。絶望とは

「苦悩マイナス意味」である。

苦悩と絶望とは違うもので、苦悩には意味があるということを知った。

フランクルはアウシュビッツにいた人です。そこでギリギリの体験をしました。極限の苦悩の体験を振り返り、それを分析することが福島さんの博士論文でした。

「なぜ生きているのかわからないけれど、自分を生かしている何ものかがいる（後略）」

自分が受けた極限の苦悩には意味があるはずだ、生きる意味があるはずだと考えたわけです。

❖コミュニケーションと読書に救われた

第三章ではコミュニケーションと読書について書いています。

コミュニケーションを取ることによって自分は生きている。

「他者とのコミュニケーションをとることによって、私たちは初めて自己を認識できるようになるのではないか」

コミュニケーションによって人間は初めて他者の存在を知り、他者の存在を実感します。私たちはそれによって、自己の存在も実感できる。

「少なくとも他者からの能動性がなければ、私からだけ、自分だけで光り続けるっていうことは難しいんです」

他者から働きかけがあることで、自分を鍛えることができる。自分だけで鍛えることはできない。

コミュニケーションのほかに福島さんを救ったのは読書でした。

第4章では読書の力について触れています。フランクルを始め、芥川龍之介の小説、谷川俊太郎の詩、北方謙三の小説など、幅広い読書が世界を広げてくれた。『杜子春』を読んで、真の幸福について考えたと言います。

「私がそこで感じたのは、『幸福というのは今、目の前にあるもの、すでに自分のそばにあるものだ』という作者のメッセージです」

という結論に至るのです。

生きる力と勇気は、読書が与えてくれた。

SFも大好きだったそうです。小松左京さんのSF的発想から生きる力をもらう。

小松左京さんと福島さんは会われているんですね。ホテルで出会って、小松さんに、

「福島くんのように点字で僕の作品を読んでくれている人がいると思うと、生きるうえで力になった」

と言われる。それに対して福島さんは、

「全盲の状態自体が、いわばSF的世界ですからね」

と答えたそうです。

自分の現実をSF的世界だと言ってしまえる。それまでの苦悩の深さと、乗り越えた強さを想像させます。

ものが見え、音も聞こえる自分は、しっかり生きることができているだろうか。生きる意味や、コミュニケーション、読書といったことについて、深く考えるうえで大変貴重なメッセージです。

「人類が生んだ素晴らしい人格」には世界はどう見えたか
――『わたしの生涯』を読み解く

（ヘレン・ケラー著 岩橋武夫訳 角川文庫）

❖言葉を知らない人が「愛」を理解する

ヘレン・ケラーは、皆さんご存じでしょう。ですが、**『わたしの生涯』**という500ページ超の本を読んだ人は少ないのではないでしょうか。

人生で読む本の順番として考えるなら、かなり高い位置にある本だと思います。これほどの苦難を生きた人はなかなかいない。その状況にどう立ち向かっていったかが描かれています。

そもそも言葉に出会えていない、というのは大変に厳しい状況です。言葉がわかっている状態で感覚を失うのとはまったく違います。

南京玉《ビーズ》を決まった順番に並べていく話があります。糸を通す練習をしている。どういう順番でつなぐか考えていた。

「おしまいに私は非常に明らかな間違いをして、自分でも気がつきましたので、一瞬間全身の注意をこらして、どういう順序に南京玉をつなぐのであったかを考えていました。その時サリバン先生は私の額に手を当てながら、力づよく『考える《シンク》』と指話されました。稲妻のように、私はこの言葉がいま自分の頭の中に起こっている働きの名であることを悟りました。これが私が抽象的観念について、意識的な認識をもったそもそも最初であります」

考える＝think、この抽象的観念を理解することがすごい。いま自分がやっている、これが「考える」ことなのだと。

次に、愛の意味を発見するシーンが印象的です。太陽がうららかで、これがloveじゃないか、と尋ねる。

サリバン先生は、愛とは雲のようなものだと教えます。それは触れることができないけれど、雨を降らせる。それによって植物も動物も水を得て生きることができる。

それがなければ生きられないけれど、形としては感じることができないもの、それがloveだということに気づく。

「考えること＝think」を見つけるのも大変なら、「愛＝love」をわかるのも大変なことです。

形のないものをどう認識し言語化するか。私たちは当たり前のように通り過ぎてきているのですが、言葉がわからないところから理解するのは大変なことなのです。

文章の読み方を学んだことについても書かれています。

doll is on bed.

単語の紙片を並べて覚える。

しばらくすると、点字の本を自分で読めるようになるんですね。しかも、大変なものを読むようになる。カレッジに入学する前、ヘレンはケンブリッジ女学校に入学します。算術を終えて、ラテン文法を復習し、シーザーの『ガリア戦記』を3章読みます。

「愛」とは何かを理解するのが大変だった状態から、ラテン文法、『ガリア戦記』という成長角度の大きさ。

いかに内面の世界が豊かになっていくことがヘレンの喜びだったか、想像させます。

その後、ハイネ、ゲーテなど、自国以外の本を原書でたくさん読むようになります。

❖読書で世界が広がっていく

幼い頃の読書体験ではシェイクスピアの諸作品、中でも『マクベス』が一番深い印象を与えたらしく、一度読んだだけで全部記憶に刻み付けられてしまいます。

「長い間、幽霊と妖婆《ようば》とが、夢の中まで私を追いかけてきて、私は短剣とマクベス夫人の白い小さい手をまざまざと見ることができました――ものすごい血痕は、悲しみに心狂った后《きさき》の目に映ったと同じ程度に、私にもありありと見えました」

『マクベス』の次に読んだのが『リア王』です。グロスター伯の両眼がえぐり出される場面に来たときの恐ろしさを書いています。

「私の心は怒りにとらえられました。私の指は動くことを拒み、血はこめかみの辺でずきずきと脈打ち、幼ない心が感じうるかぎりのあらゆる憎しみを胸いっぱいにこめて、私は身動きもせずすわっておりました」

まだ幼いのに、『リア王』を読んでこんなに没入している。

長じてからは、スウィントンの『万国史』のような専門の歴史書を読んでいます。

視覚的、聴覚的には外界に開かれていないけれども、本を通じてどんどん内側の世界が

広がり、心が開かれていく。一般の人をはるかにしのぐ豊かな想像力があるわけです。

その背景にはサリバン先生の献身と愛情がある。


「さて最後にいいたいのは暗黒の世界にいた私を導いて先生は、愛と夢とできれいにつむいだ、黄金の時と美しい思想の世界に連れて行ってくだすったことです」

「思想の蕾《つぼみ》は四方を壁に囲まれた私の精神の庭に柔らかく開きました。愛も美しく私の心に咲いたのです」

「残されたわたしこそ、その連続でなければならない」


サリバン先生亡き後、ヘレンは全世界で講演会をしました。

88歳まで生き、日本にも2度来られています。

ヘレンが尊敬していたのが、江戸時代の国学者、塙《はなわ》保《ほ》己《き》一《いち》です。

全盲ながら『群書類従』を編集した人です。

偉人ですが、その存在を知らない人が多いのは残念です。

ヘレン・ケラーは、人類が生んだ素晴らしい人格です。

ぜひ手元に『わたしの生涯』を置いてほしいと思います。

詩人のようにものを見てみよう

――『まど・みちお詩集』を読み解く

（まど・みちお著　谷川俊太郎編　岩波文庫）

❖むき出しの命

まど・みちおさんは童謡『ぞうさん』『やぎさんゆうびん』で有名な詩人です。いろんなところから詩集が出ていますが、いい詩がたくさんあります。
アリについて、こういう詩があります。

「アリは／あんまり　小さいので／からだは　ないように見える／
いのちだけが　はだかで／きらきらと／はたらいているように見える／／
ほんの　そっとでも／さわったら／火花が　とびちりそうに…」

命がきらきら働いている。
アリを見ていると、命そのもののように見えてくる。命だけが裸で、むき出しできらきらと働いている。触ると火花が飛び散りそうだ。
これが詩人の感性であり表現です。
なんとなく皆が思っていたことを独自の感性で表現するわけです。

「つぼを　見ていると／しらぬまに／つぼの　ぶんまで／いきを　している」
「つぼは／ひじょうに　しずかに／たっているので／すわっているように／見える」

静かな心もちで、つぼと一体化したような感じで、つぼの分まで息をしている気持ちになる。言われてみると、つぼは確かに静かに座って見える。新しい見方を提示してくれるのが詩人です。

「ビーズつなぎの　手から　おちた／赤い　ビーズ（中略ころころ転がって）
ああ　こんなに　小さな／ちびちゃんを／ここまで　走らせた／
地球の　用事は／なんだったのだろう」

ビーズが転がるのを、地球の用事ととらえる。

❖「？」と「！」

まどさんは1909（明治42）年生まれで2014（平成26）年にお亡くなりになっている。104歳、驚きの長寿ですね。

長寿の秘訣は無理しないことと、小さいものに目を向けること、この2つのことがあればいい、とあるエッセイで書いています。

そして**人生には「？」と「！」の2つがあればいいんだ**とも書いていました。

「いちばんぼし」という短い詩があります。

「いちばんぼしが　でた／うちゅうの／目のようだ／／
ああ／うちゅうが／ぼくを　みている」

なんでも不思議に思う、疑問を持つ。そして、ああこれはすごいと発見し驚く。これが「？」と「！」です。

それだけでも生きるヒントになります。

動物にも「語彙」や「教育」がある

――『ソロモンの指環』を読み解く

（コンラート・ローレンツ著 日高敏隆訳 ハヤカワ・ノンフィクション文庫）

❖カラスには語彙がある

ここでちょっと趣向を変えた本を紹介しましょう。

コンラート・ローレンツは動物行動学を開拓した人物で、ノーベル賞受賞者です。大学の頃、私は『ソロモンの指環』と『攻撃―悪の自然誌』が好きでした。読んでいると、なんだかすごく気持ちが楽になるのです。

動物には動物の世界がある。人間が中心の世界の脇役として生きているわけではありません。私たちは人間しか言語を持たないと思っていますが、そんなことはないとローレンツは言います。

「ソロモンの指輪」というタイトルは、旧約聖書で、ソロモン王が魔法の指環で獣たちと語ったというエピソードから取っています。

しかし、魔法の指環などなくても、人間は動物たちと話ができる。

「ある動物の『語彙《ごい》』を理解することは、けっしてむずかしいことではない。われわれが動物たちに話しかけることもできる」

動物たちにはそれぞれ言葉がある。

たとえば、**ガンたちが「ガガ、ガガ」と鳴くのは、これから飛び立ちたいとき。「ガギガ」は、歩いていくという意味。**

飛べない雛を連れた親ガンは「ガギガ」と鳴く。親鳥が「ガギガ」と鳴くと、雛たちは「もっと歩かなきゃ」ということになるらしい。

カラスは、飛び立って他のところへ行くのか、それとも巣に帰るのかを、「キャア」と「キュウー」という鳴き声で区別していることが書かれています。

コクマルガラスが「キャア」と鳴くのは、遠くへ行こうとする気分のとき。それに対して「キュウー」は、家へ帰る気分を表します。

「キャア」と「キュウー」は、まったくそのときの生理的気分の表現で、意識して鳴き分けているわけではない。他へ行きたいと思うとキャア、巣に帰りたいとキュウー。

それが伝染性を持って、どんどん生理的気分が一致して、揃って巣に帰る。30分もの間、キャア気分とキュウー気分の間をさまよって、「キュウー」が8割方に達するとさらに「キュウー」の声が増していって、雪崩のように「キュウー気分」が広まって、急に全員キュウーになって、揃って家路につくそうです。

「8割に達してる！　皆が言うならそうしよう！」と、動物たちもそれぞれ語彙を持っているという話が出てきます。

❖動物にも「教育」がある

コーラント・ローレンツの業績の一つに「**刷りこみ**」という現象を発見したことが挙げられます。

動物は、誕生して最初に見たものをお母さんだと思ってしまう。ローレンツが動物店で見つけて買った「チョック」と名付けられたコクマルガラスの雛《ひな》は、ローレンツを親だと思い、自分を人間だと思っていたと言います。

「チョックがすぐに私を他の人びとより好きになったのは、私がコクマルガラスの鳴き声をまねした賜物《たまもの》であるにちがいない」

「『刷りこみ』という過程には、やりなおしがきかないのだ」

魚や鳥の性衝動も、最初に親だと思う存在が何者かによって対象が変わってしまうことを発見します。**あるクジャクは一緒に住んでいたゾウガメに求愛し、メスのクジャクには見向きもしなかった**と言います。そういえば、人間にも「三つ子の魂百まで」という言葉があります。

動物同士も知識や経験を教え合うという話が出てきます。そのひとつに敵の見分け方があります。

年長のコクマルガラスは、1回だけ鳴いて、若いカラスに「こいつは敵だ」と教える。**本能だけでは不十分で、教育が必要なんです。上から下へ、仲間同士、どんどん経験と情報を伝えている。**

動物には動物の世界がある。それが自然であり、人間もその一部にすぎない。

この考え方は、日本でいえば縄文時代の人々とか、アイヌの世界観です。現代人はかなり失ってしまった感覚ですが、それを取り戻すことは、変化を続ける時代に適応する力になると私は考えています。

アイヌの文化から「サステイナブル」を考える

――『アイヌ文化の基礎知識』を読み解く

（アイヌ民族博物館監修 児島恭子増補・改訂版監修 草風館）

❖自然との調和

アイヌのことをどのくらい知っていますか？

『アイヌ文化の基礎知識』は、アイヌの独特の世界観について学べる本です。アイヌの世界の工夫、アイヌ文化の起源、言葉などについてまとめられています。

彼らは日本列島に先に住んでいて、私たちと違う価値観、文化を持っていた。死についての考え方も違う。

アイヌの言葉で「カムイ」は神。日本語の「カミ」と発音は似ていますね。いろんなものを神として大切にし、共存していく考え方です。昔の日本人も八百万《やおよろず》の神というように、そこかしこに神がいた。神道になって少し変わってきました。

さらに今の日本人のマインドとなると、かなり違っています。

彼らは非常に調和的な世界観で生きていた。『アイヌ神謡集』というのがあって、フクロウの神とか、いろいろ神がいる。神様の恩恵で人は食べることができる、だからそれをまた神様に返すという、自然の中で生きる暮らし方です。

『ソロモンの指環』のところで「動物には動物の世界がある」というポイントに触れました。犬は視覚よりも嗅覚でこの世界を感じ取っているし、それぞれの動物にそれぞれの世界のとらえ方があって、人間とは違うわけです。

そういう動物たちと共生したのがアイヌなのです。

人間だけがあまりにも増えすぎてしまった。文明も発達して、温暖化をはじめ様々なひずみや限界が見えてきている今、過去に、自然や動物と見事に共生していた先人たちの世界観を知ることは、大きな学びを与えてくれるはずです。

ちなみに漫画『**ゴールデンカムイ**』(野田サトル作 集英社)は非常に素晴らしく、1、2巻だけでもアイヌの生活がわかるように書いてくれています。

「罠で獲れたリスを食べよう　まず皮を剥いてチタタプ(叩き)にする」と、アイヌが教えてくれる。出てくる人間のキャラも立っています。アイヌはどうやって生活してたのか、漫画を読むだけで伝わってきます。

アイヌの文化は、失われてしまった日本人の文化にも通じています。それは自然との調和なのです。

五感を研ぎすまして世界に向き合う

――『香水』を読み解く

（パトリック・ジュースキント著 池内紀訳 文春文庫）

❖「鼻」で世界をとらえる

天才的嗅覚を持った人間のお話です。

主人公グルヌイユは匂いがすべて。遠くに離れていても誰の匂いかわかる。その能力を発揮して香水を作らせたら天才的な仕事をする。

しかし少女の匂いを集めたい、などと気がおかしくなっていき、最後は殺人鬼になっていくというストーリーです。

優れた描写力を持つ小説です。匂いの世界、匂いについてのいろんな知識も得られます。香水を作るプロセスがわかる一方で、人間の欲望や、どうしようもないものが書かれています。

アロマエステに行くと、細かく、今日の香りは柑橘系のこれこれです、どれをお選びになりますか？　と膨大なメニューが並んでいますね。これはリラックス効果、これは活力を高める匂い……など。

香りや匂いも文化です。日本でも平安時代などは、貴族たちが好んでお香を楽しんだ。香りによって気分が変わり生活が変わる。

動物は匂い、フェロモンで異性を引きつけます。人間も香水などで異性の関心を惹こうとする。

動物行動学的にも匂い、香りは重要なのです。

私たちは目からの情報に頼っているところが大きいのですが、**香りには視覚情報とは違った世界が広がっているのです。**

世界が新しい局面を迎え、価値観が変わりつつあります。そういうときに、自分がすでに持っている嗅覚に意識を置いて、世界をとらえ直すといった視点を持ってみる。

そういう発想が、変化への適応力につながっていきます。

6章　心の豊かな動きと〝遊び〟を取り戻す

——縮こまらないヒント

私たち日本人は、外国人から見ると感情表現に乏しいようです。

いや、外国人の方が感情を出しすぎだと思う人もいるでしょう。

確かにたとえばサッカーでも、彼らは喜びや悲しみ、怒りを爆発させます。

一方、日本古来の相撲や柔道、剣道などでは、勝敗が決まっても決して感情をあらわにしません。それは相手に対して失礼であり、はしたない行為だと考えるからです。

剣道では、一本取った後、ガッツポーズをして取り消しになった事例があります。

西洋発祥のスポーツでは日本人も感情をあらわにするシーンが多いのですが、基本的に日本人は控えめなマインドを持っていると思います。

幕末から明治維新にかけて、諸外国から研究者たちがお抱え学者としてたくさん来日しました。彼らの多くが、日本人の節度に対して驚きと賞賛の声を上げています。

外国ならば喧嘩になるような場面でも、感情的にならない。子どもですら喜怒哀楽を表に出さず、威厳と風格をたたえた態度であることに驚嘆しています。

時代が移り、さすがに当時の様子とは違うかもしれませんが、日本人のＤＮＡに、自己抑制の因子はいまだに脈々と眠っているように感じます。

とはいっても、それは日本人が感情や感性に乏しいということではありません。繊細な感性と、豊かな感情を持っていることは、古典文学などに触れればよくわかります。

外国の文学は、非常に感情表現が激しいものが多いです。文学の父と呼ばれる**シェイクスピア**の登場人物たちの会話や行動など、その最たるものです。

怒り、悲しみ、絶望する。

そして世をはかなみ、恨み言を言い放つ。

日本人の深層にもある激しく豊かな感情を、ときには外国文学の激しさで「読む」。

激しいけれど洗練された言葉がカタルシス（感情の排出）となって、私たちの心を軽くしてくれるに違いありません。

「感情のスケールの大きさ」をシェイクスピアに学ぶ

――『マクベス』を読み解く

（シェイクスピア著 松岡和子訳 ちくま文庫）

❖ 妻にけしかけられて王を暗殺

世界的な大文豪であるシェイクスピアですが、舞台やドラマ化されたものなどは見たことがあっても、作品を直接読んだことがある人は少ないのではないでしょうか。

『マクベス』は、王位を狙うスコットランドの武将マクベスが、魔女と妻にそそのかされて王を殺す話です。

野心と欲望にかられた男女が、自らの犯した罪に罰せられ転落する。

舞台はスコットランドの王室ですが、人間なら誰もが持っている心を描いています。だから古今東西、時代を超えて読み継がれているのでしょう。

シェイクスピア独特の遊び心満載のセリフ回しも魅力です。

有名な言葉がいきなり最初に出てきます。

「きれいは汚い、汚いはきれい（Fair is foul, and foul is fair)」
「飛んで行こう、よどんだ空気と霧の中」

冒頭、第1幕第1場で魔女が3人出てきておかしな掛け合いをします。いかにも演劇的なやり取りで、リズム感があります。

魔女たちはマクベスに「お前が王になる」と予言します。それを信じてマクベスは、王ダンカンを刺しますが、そこまで至るまでにも、いろいろな葛藤があります。

「やってしまって、それでやったとけりがつくなら、さっさとやるに限る」

しかし王であるダンカンからは、最近、戦の功労を称えられたばかり。しかも王は非の打ちどころのない元首で、国民にも人気がある。そんな王を自らの手で殺めたら、きっと良心の呵責《かしゃく》に耐えられない。

直前になって躊躇する夫を、マクベス夫人はなじります。

「さっき身に着けていらした望みは／酔っ払っていたんですか？」

「魚は食べたいが、足は濡らしたくないという猫そっくり」

「頼む、やめてくれ。／男にふさわしいことなら何でもやる。／それ以上のことをするのは人間以下だ」

抗いつつ、夫人に乗せられて、やってしまう。

「腹は決まった。この恐ろしい離れ業に向けて／身体じゅうの力を振り絞る。／さ、奥へ。きれいに装って皆を欺くのだ。／偽りの心に巣食う企みは、偽りの顔で隠すしかない」

訳は松岡和子さんでも小田島雄志さんでもいいと思います。最近の演劇では松岡さんの訳が用いられることが多いようですが、文学として読むなら福田恆存《つねあり》さん訳の新潮文庫が、古い日本語の気品のある趣きがあって、私は大好きです。

❖おかしくなっていく…

シェイクスピアの作品は、ぜひ音読をお勧めします。

言葉とそのリズムが面白いのです。役者になったつもりでセリフを読む。何人かで役を決めて読み合わせても面白いでしょう。

第4幕第1場の魔女たちの呪文がおどろおどろしく、またどこかユーモラスです。

「煮えろよ焼けろ、釜の中、／イモリの目玉、カエルの指、／コウモリの毛に犬のベロ、／マムシの舌、ヘビトカゲの牙、／トカゲの脚にフクロウの羽、／苦労と苦悩の呪いを込めて／地獄の雑炊《ぞうすい》煮えたぎれ」

魔女たちの呪文を音読するとワクワクしてくる、不思議な力があります。

前半、殺した相手の亡霊に怯え、妻からバカにされるマクベスですが、後半は激しい戦いの鬼と化します。

一方、前半こそマクベスをそそのかしたマクベス夫人でしたが、後半になると恐怖と呵責から心を病んでしまう。

「まだここに血のにおいが。この小さな手、アラビア中の香料をふりかけてもいい匂いにはならない。ああ！　ああ！　ああ！」

ダンカン王が刺されたときの血が手にシミとなって残り、自分の手から血の匂いが取れなくなる気がして、夢遊病のように夜中に歩き回る。そして狂死してしまいます。妻の死を知り、さらに復讐と義憤にかられた大軍に囲まれ、絶体絶命のマクベスのセリフが次のものです。

「人生はたかが歩く影、哀れな役者だ、／出場のあいだは舞台で大見得を切っても／袖へ入ればそれきりだ」

諦めのような、自らの最期を予感させるような言葉です。

『マクベス』は、欲望と野心にとりつかれ、想像以上に良心の呵責に苛まれる人間の末路を描いています。

どんな他人の攻撃よりも、自分の内側からの責め苦は大きいのだと、400年前の名作が語りかけてくるようです。

精神のダイナミックな動きを音読で体感する

――『リア王』を読み解く

（シェイクスピア著　福田恆存訳　新潮文庫）

❖キレやすい男が招く悲劇

同じくシェイクスピアの戯曲『**リア王**』を紹介しましょう。

私は『リア王症候群《シンドローム》にならない　脱！　不機嫌オヤジ』を徳間書店から出したことがあります。

年を取ると、男性はとくに頑迷になる。不機嫌で怒りやすく、一方的で会話もつまらない。そういうオヤジになるとリア王のように悲惨な目にあいますよ、という内容です。

話は相続をめぐる問題です。上手に相続しないと、遺族の間で必ずもめごとが起きる。下手に生前贈与などすると、とんでもないことになりかねません。

『リア王』はまさに生前贈与で失敗した、頑固で哀れな老人の話です。

年老いたリア王は、３人の娘に財産を譲ることを考えた。そこで３人に、いかに自分が父親思いかをアピールするように命じます。父である自分を一番大切に思っている娘に多くの財産を譲ると言うのです。

長女と次女は、父親への愛がどれだけ強いかを美辞麗句を並べてアピールします。

末娘のコーディーリアは、父をとても思いやっているんですが、姉たちと違って口下手です。

「申上げる事は何も」と言ってしまう。ふだんから父親思いだから、今さら言葉で飾る必要はないというのです。

ところが堅物の不機嫌オヤジの代表であるリア王は、そんな末娘の純粋な思いなど理解できません。

「今こそ俺《おれ》は何も彼《か》も投棄《なげす》てる。父親としての心遣いも、親子の縁も、血の繋《つな》がりも悉《ことごと》く棄去《すてさ》り、今より後、永久に貴様を赤の他人と見なす」

カッとなったリア王は末娘を勘当してしまう。なんとも極端で激しい父親です。

「私は、心に無い事を聞きよく滑らかに言廻す術を知りませぬ」と、コーディーリアは言いますが、もはや逆上したリア王は抑えが利きません。

そこで2人の姉に相続するのですが、2人は父親を邪険に扱う。まぁ、仕方がありません。こんなに横暴でわがままで、感情の起伏が激しい親ですから、子どもに見放されてもおかしくない。

リア王は天を呪いますが、自業自得です。キレやすい老人になってはいけない、そして早く遺産を渡してはいけない、という教訓が得られます。

❖激しいセリフが救いに

ただし、この物語に救いと面白さがあるのは、頑固一徹のリア王の激しいセリフです。やはり一国の王だけあり、絶望の仕方ひとつとってもスケールが大きい。その大きさが演劇的でもあり、むしろここまでくると痛快にさえ感じます。

娘2人と言い争い、怒りで気が触れたようなリア王は、嵐の荒野でひとり叫び続けます。

「風よ、吹け、うぬが頬を吹き破れ！　幾らでも猛り狂うがいい！　雨よ、降れ、滝となって落ち掛れ、塔も櫓《やぐら》も溺《おぼ》れ漂う程に！」

滅茶苦茶ですよね。

「そうして轟々《ごうごう》と腹を鳴らしていろ！　火を吐け！　水を落せ！（中略）あの非道な二人の娘と示合《しめしあわ》して、天の戦を、これ、このような老いたる白髪頭に仕掛けて来るのだからな。ああ、ええい！　卑怯《ひきょう》な！」

娘2人が悪いのはともかく、ひとりで怒りの中で盛り上がっているわけです。それを茶化すように道化が出て来るのも面白い。

道化の茶化しもそっちのけで、リア王の叫びは最高に達します。

「天空を荒れすさぶ神々が、一刻も早くその敵を見出《みいだ》されん事を。震上《ふるえあが》るがいい、秘密の罪を犯しながら義の鞭《むち》を逃れおる卑劣漢」

荒野や嵐といい、神々に訴えるところといい、壮大な感じが、シェイクスピア的です。感情の起伏の大きさ、スケール感が印象的です。

❖王の末路

「俺の不幸を泣いてくれる気があるなら、俺の眼を遣《や》ろう。（中略）人は皆、泣きながらこの世にやって来たのだ（後略）」
「生れ落ちるや、誰《だれ》も大声挙げて泣叫《なき》ぶ、阿呆《あほう》ばかりの大きな舞台に突出《つき》されたのが悲しゅうてな」

リア王のセリフだけでもいいので、音読してみましょう。大変なエネルギーを感じます。これぞまさにシェイクスピア。翻訳であっても伝わるところが素晴らしい。

こういうものを読んで非日本人的、非日常的な高揚感を体感するのは、精神的にリセットする意味でも有効だと思います。

ちなみに物語の最後は急展開、どんでん返しが起こりますが、それは読んでみてのお楽しみ。

福田恆存《つねあり》さんの訳は古語調で格調が高い。他にもいろいろな人の訳で読んでみるのもお勧めです。

世界中の女性を虜にした小説で「心の動き」を甦らせる

――『嵐が丘』を読み解く

（E・ブロンテ著 鴻巣友季子訳 新潮文庫）

✣憎しみ傷つけ合う

もう一作、イギリスの女性作家の作品を紹介しましょう。映画にもなっている名作です。恋愛の感情の豊かさが素晴らしいのです。

冬の嵐が吹きすさぶ荒涼としたヨークシャーの通称「嵐が丘」。その屋敷の娘キャサリンと、そこの主人に拾われたヒースクリフの物語です。

親子2代にわたる長く複雑な構成をしたこの作品は、いろいろな読み方ができますが、ヒースクリフとキャサリンの悲劇的な恋愛小説でもあり、ドロドロした人間の復讐劇や家族の歴史を描いた家庭小説としても読めます。

嵐が丘の暗く寂しい光景、故人の亡霊などが不気味な影を落としているのも特徴です。

幼少のころから次第にお互いを意識し始めたキャサリンとヒースクリフは、やがて熱烈な恋に陥ります。しかしキャサリンの父親が亡くなり、その息子ヒンドリーが当主になると、ヒースクリフはお使いのように扱われてしまいます。

しかも相思相愛だったはずのキャサリンは、貴族の男性エドガーと結婚してしまう。

ヒースクリフは失意の中で家を飛び出しますが、数年後、事業を興し大成功して再び嵐が丘に戻ってきます。それは復讐のためでした。

ヒースクリフは遊び人のヒンドリーがつくった借金を肩代わりし、当主になります。

そしてエドガーの妹と当てつけのように結婚し、同時にキャサリンにはひどい仕打ちをされた心境や、本当は今も愛していることを書いた手紙を送り、彼女を混乱させます。

彼女も、じつは本当に愛しているのはヒースクリフなのです。

愛憎と権力が渦巻くドロドロした悲劇なのですが、**2人の激しいやり取りを、一種のプロレスとして見ると面白いです。**

ヒースクリフはキャサリンの新居を訪れます。3年ぶりの再会の場面です。

「あなたってひどい人ね！　本当ならこんな歓迎は受けられなくてよ。ぷいといなくなったまま三年も音沙汰《おとさた》なしで、あたしのことも忘れていたなんて！」

「きみは二度と俺を追いだしたりしないさ――心底すまなく思っていたはずだ、そうだろう？　まあ、それだけの理由があるからな。きみの声を最後に聞いた日から、俺はつらい毎日をなんとか耐えて生きてきた。だから、許してくれ、きみのために苦しんできたんだ！」

ヒースクリフは執念深くて、昔の自分の家に戻ってきてからは当主として、落ちぶれたヒンドリーを精神的に追い詰め、破綻させていきます。

キャサリンに対しても、執念深く恨み節を投げかける。こんな人間が近くにいたら困りますが、物語としてはこれくらいの人物であるからこそドラマになるし面白い。

❖「自分に憑りつけ」

やがてキャサリンは病気になり瀕死の状況になります。ヒースクリフは病床のキャサリンを抱きしめます。

「ああ、キャシー！　俺の命！　こんなこと、どうして耐えられるだろう？」

「あなたを抱きしめていられたら。（中略）おたがいが死ぬまで！　あなたがどんなつらい目にあおうと知ったことじゃない。（中略）どうしてあなたは苦しまないの？　わたしがこんなに苦しんでいるのに！　わたしが土に帰ったら、あなたはわたしを忘れてしまう？」

「なぜ俺をないがしろにした？（中略）当然の報いじゃないか。おまえは自分で自分を殺したんだ。ああ、キスしたければしろ、泣きたければ泣け。そうして俺のキスと涙をしぼりとればいい。俺のキスと涙でおまえは枯れ果てて――呪《のろ》われていくんだ。俺を愛していたくせに、どんな権利があってすてた？（後略）」

「ほっといてちょうだい、わたしのことなんか。（中略）悪いことをしたというなら、その報いで死んでいくんだわ。それで充分よ！　あなただってわたしをすてたんじゃないの」

いやぁ、激しい！　お互い責め、過去を咎め合いながら、苦痛と悔恨の中でほとばしる愛を確かめ合う。激しい言葉の応酬は、まさに恋愛の格闘技です。

キャサリンの訃報を受け、ヒースクリフは激白します。

「キャサリン・アーンショウ、俺が生きているうちは、汝《なんじ》が決して安らかに眠らないことを！　おまえは俺に殺されたと云ったな――なら、この俺にとり憑《つ》いてみろ！　殺された人間は殺した人間にとり憑くものなんだ。（中略）どんな姿でもいい――俺をいっそ狂わせてくれ！　おまえの姿の見えないこんなどん底にだけは残していかないでくれ！（中略）自分の命なしには生きていけない！　自分の魂なしに生きていけるわけがないんだ！」

死んだら自分に憑りつけと言うほど好きになるという情念の噴出。莫大な富を得て復讐に帰ってくる。世界中の女性を虜にしてきたゆえんです。

人は成長するにつれ分別がつき、心の動き、振れ幅が小さくなりがちです。みっともないことはしなくなります。もちろんそれは社会生活では必要なことですが、**感情まで枯渇してしまって、何を見ても心がさほど動かない、燃え上がることもないということでは本末転倒です。**

コロナ禍による移動やイベントの自粛は、心の枯渇に拍車をかけかねません。沈滞気味の心に火をつける意味でも、一読するといいのではないでしょうか。

遊びと仕事の〝線引き〟を考える

――『ホモ・ルーデンス』を読み解く

（ホイジンガ著 高橋英夫訳 中公文庫プレミアム）

❖人間の特徴は「遊び」にある

この本は私が10代の終わり、東京に出てきた頃に読んだので、思い出深いものです。

人間は「ホモ・サピエンス（知の人、理性の人）」と言われますが、どうも理性的とは言い切れないことがわかってきた。

「ホモ・ファベル（作る人）」という言い方もありますが、一部の動物もモノを作ります。

そこでホイジンガは「ホモ・ルーデンス（遊ぶ人）」を考えた。人間だから遊ぶのであり、遊んできたから人間となった。

ホイジンガは『中世の秋』を書いた有名な歴史学者です。世界中の歴史を検証しながら、「遊び」を探求した、一冊まるごと「遊び」の本です。

「遊びは文化よりも古い」とホイジンガは言います。文化の前に遊びがある、遊びこそ本質だということです。

❖世界各国の「遊び」を研究

遊びは欲望を満足させるものとは別のものだ、とホイジンガは言います。

「『日常生活』とは別のあるものとして、遊びは必要や欲望の直接的満足という過程の外にある。いや、それはこの欲望の過程を一時的に停止させる」

「遊びが仕えている目的そのものが、直接の物質的利害の、あるいは生活の必要の、個人的充足の外におかれているからである」

むしろ欲望の満足に走っているのを、ストップさせる。

日常生活に必要だからやっているのではなくて、単に遊びとしてやっている。子どもがなぜ遊んでいるかというと、何か貰えるから、それで食べ物やお金が貰えるからではありません。

報酬目当てでは、もう遊びではなく仕事になってしまいます。

遊びのもうひとつの特徴として、祭儀的な要素を挙げています。

「遊びという質にはいつも必ず祭儀的行為の神聖な感動状態が結びついている（後略）」

宗教的なものというのは、真面目なのだけれど、どこか日常とは違う。神聖な感動状態があります。「プレイ」とは、演技、没入という意味です。

思い浮かぶのが、スポーツや演奏の世界です。

スポーツも「プレイする」と言います。

バイオリニストの演奏もプレイです。演奏の間は神聖で崇高な感動を味わっている。純粋な「遊び」の世界です。

「日常世界の外に遠く飛び去り、遙かの高みのあたりを翔《かけ》りながら、ある世界を体験している。それにもかかわらず、彼が現実にしていることが演奏《プレイ》であることには変わりはないのだ」

神聖な真面目さ。

不真面目なのは遊びではないのです。

日本の話も出てきます。日本語の「遊び」という言葉は広い意味を持っていると指摘しています。

「名詞『あそび』、動詞『あそぶ』はひろく遊び一般にわたる意味のほか、緊張の弛《ゆる》み、娯楽、時間つぶし、気晴らし、遠足、物見遊山、浪費、賭け事、無為安逸、怠惰、無職などの意味をもっている」

「〜あそばします」といった言い回しまで扱っています。ひとことで「遊び」と言いますが、日本語はこんなに幅が広いのです。

❖「遊び」の深さを知ると生き方が変わる！

とにかく「遊び」は不可欠だと説いています。

これを読んでいると、私たちはちゃんと遊べているのか？　と思います。
人によっては、仕事を遊べているわけです。仕事を遊びのようにできる人はすごいし、スポーツを仕事としてやる人もいます。

私たちは、「遊び」の域のプレイを観ると、日常生活と違う喜びが湧きあがります。**本当にすごい人は、一所懸命やっている中に美しさがあります。**

私自身はメッシが好きで、彼のすべての試合、すべてのプレイを観ています。試合の結果は二の次で、メッシのプレイを観ている。とくにシャビ、イニエスタとメッシの3人が連動していたのは、遊んでいるみたいでした。日常生活ではありえない美しい遊び、神々の遊びのように見えたわけです。

ゴールのためならそこまで遊ばなくていいのに、球を回して、相手の裏を取って、華麗にプレイする。

久保建英《たけふさ》選手には、メッシに通じるクリエイティビティを感じます。
マイケル・ジョーダンもそうです。ジョーダン以降、点を取る人はたくさんいるんですけれども、ジョーダンはプレイ自体が遊びで、クリエイティブです。

残念ながら亡くなったコービー・ブライアントも、そういうプレイヤーでした。テニスのロジャー・フェデラーもそうです。ただ勝つのではなく、クリエイティブなプレイを見せてくれます。

不自由な、制約がある中で、どれだけ創造的な遊びができるか？
コロナ禍は、そういう問いを私たちに投げかけているのかもしれません。

7章　未知の世界に本で分け入る

――読書本来の愉しみを味わう

読書の一番の醍醐味は何か?
時間を忘れてその世界に没入する。
そんな体験をさせてくれるのが読書です。
小説の場合は、エンターテインメント性を楽しむことを目的とした作品もあります。ハードボイルドや推理小説などは、まさにそういったジャンルでしょう。

レイモンド・チャンドラーの諸作品は、その代表格です。フィリップ・マーロウが主人公のストーリーは、自分が主人公になって犯人を追い詰めているかのような錯覚さえ抱かせます。

長い物語が多いのですが、気が付くと時間を忘れて読み込んでいる。そして小説のそれぞれのシーンが、あたかも自分が本当に体験したことかのように、読んだ後で脳裏に蘇る。

もはや自分の体験に近づいているのです。

日本や欧米以外の文学もお勧めです。
欧米文学にも日本文学にもない独特の世界観とリズムに触れることができます。

その点で『**百年の孤独**』は文学史に残る名作です。

幻想的な世界に引き込まれ、まるで夢の中を漂っているかのような感覚に陥る。

これも小説ならではの魅力です。


麻薬組織との長い戦いを描くのがドン・ウィンズロウの『**ザ・カルテル**』です。

日本人にはあまりなじまない世界ですが、小説として知っておくと世界観が広がるはずです。


世界が広がるという意味では、パウル・クレーの『**造形思考**』も面白い。

クレーは19世紀前半に活躍した画家ですが、絵画を美的な感性の世界にとどめず、知的に構成しようとしました。

芸術家が見る世界はこんなにも難解なのかということもわかりますし、同時に心がワクワクするような感覚にとらわれるでしょう。


世界は面白くエキサイティングです。

私たちは読書を通じてそのことを実感できるのです。

独特のキャラクター、表現、会話に触れる

――『ロング・グッドバイ』を読み解く

（レイモンド・チャンドラー著　村上春樹訳　ハヤカワ・ミステリ文庫）

❖マーロウになり切る

主人公は私立探偵フィリップ・マーロウで、チャンドラーのいろんな作品に登場します。**『さらば愛しき女よ』**などもありますが、本作が代表作です。

チャンドラーの小説の魅力は、ストーリーに引き込まれていくところです。長い小説ですが、自分が実際に体験したような感じにさせてくれます。あたかも自分が主人公そのものので、マーロウの体に自分が乗り移ったような面白さがあるのです。

マーロウは確固とした考え方、価値観を持っている人物です。自分の生き方と違う仕事は引き受けない。一度受けたら、どんな相手であれ最後までやる。

お金持ちではありません。古ぼけた事務所で、仕事をこなして地道に食べている。ちょっとお金をもらって、ちょっと仕事するという自転車操業的なスタイルです。

元警察官ですが、今は一匹狼。その潔さも魅力です。もしあなたが主人公になりきれたなら、この作品だけではなく、シリーズ全体を楽しめるでしょう。

今回、私が紹介するのは村上春樹さんの訳です。英文をきちんと、飛ばすことなく、丁寧に訳しています。**村上春樹さんの小説に慣れている方は、文体は相変わらず生きているので、スッと入りやすいでしょう。**

英語版もすぐ手に入ります。英語の好きな方は、翻訳に気に入った表現があったら線を引いておいて、原書にあたってその箇所を確認してみるのもお勧めです。英語ではこんなふうに格好良く表現するのか、と勉強になります。

❖圧力に屈しない

さて、本書は主人公が落ちぶれた酔いどれ男テリー・レノックスと出会うところから始まります。

レノックスは酒浸りでダメ人間に見えますが、マーロウは何かを感じています。

マーローウが大物に呼び出されて脅されるシーンがあります。

「いいことを教えてやろう。人はここに入ってくるときには格好も違えば、サイズも違っている。しかし出ていくときにはみんな同じサイズと格好になっている。縮んで、身を屈めている」

しかし、マーロウは平然と、「ここに呼び出された用件を聞かせてくれ」と、動じません。

「オフィスと称するこの弁当箱みたいにせせこましい場所で、自分がどれくらい権力を持っているかを、私に見せつけようとしている。(中略) もしそういう格好づけを必要とするのなら、あんたには私を扱うだけの力量がもともと備わっていないってことさ」

「タフぶってる人間というのは、だいたい話が退屈なんだ。エース札ばかりのトランプでゲームをしているみたいだ。君はすべてを持っているが、同時に何も持っていない」

「そのうちに近づきになるだろう」とスゴむ相手に、「昨日の夕刊と間違えて、君の顔を踏みつけないように気をつけなくちゃな」と返します。

❖独特の会話

とても日本人には言えないセリフもあります。ビジネスの裏側を説明するマーロウに、ある女性が、「とんでもない話だわ」と怒り出します。「聞くに堪えません」と言う彼女に、

「そうでしょうね。あなたの好みにあった音楽を奏でることは私にはできない」

これを日本人が言ったらキザですが、嫌な感じがしない。そんなキャラクターです。大金持ちのある女性と話すシーンでも、それが現れます。

「あなた方のような大金持ちは、まったく度しがたい人種だ。(中略) 何か言いたいことがあれば、どんなに辛辣なことであれ、自分にはそれを口にする権利が備わっていると思っている」

金持ちの傲慢さを、延々と当人に言っている。金持ちは、自分たちが少しでも貶められたと思うと過剰な仕返しをすると詰め寄ります。独特の表現と会話、主人公の潔い生き方や仕事ぶりに、心が軽くなります。村上春樹さんの訳の妙味と共に、ぜひ味わってみてください。

「数学の常識を変える日本人」の仕事とは

――『宇宙と宇宙をつなぐ数学』を読み解く

（加藤文元著 KADOKAWA）

❖ IUT理論によって数学の超難問が解決

数学者の関心の的となっている、まだ証明されていない難問や予想がいくつかあります。最近証明されたフェルマーの定理とか、ポアンカレ予想という言葉を聞いたことがあるという人は多いでしょう。

その中の一つ、「ABC予想」というのは、難問中の難問として数学者の間では有名でした。

たがいに素（1以外の素数以外は同じ素数を持たない）のa、b、cの数で、$a+b=c$を満たす場合、a、b、cの素因数の積をdとすると、$c>d^{1+n}$（$n>0$）となるものは多くはない、というものです。

……いやー、もうすでになんだかよくわかりません！

ここでお伝えしたいのは、私はABC予想について理解してほしいと思ってこの本について勧めているのではないということです。

この超難問の「ABC予想」という問題を証明したのではないか、と言われているのが京都大学数理解析研究所教授の望月新一さんです。

とりあえず詳しい説明はここではしません。というのも、この本（『宇宙と宇宙をつなぐ数学』）の目的は、ABC予想そのものの解説ではなく、それを解決する決め手となったIUT理論（宇宙際タイヒミューラー理論＝Inter-universal Teichmüller theory）の凄さを解説するものだからです。

2012年に、望月教授はこの理論を約500ページの論文にしてインターネット上に公開しました。ところがその理論のあまりの斬新さに、世界中の第一線の数学者たちもすぐには理解できず、時間がかかっているのです。

ようやく2020年の春に、専門誌『PRIMS』の査読を通過したそうですが、まだ認めていない学者もいて、完全に予想が証明されたとは、いまだにされていない状況です。

そんな難しい理論の本質を、何とか一般読者にも理解できるようにしよう、というのがこの本です。

著者の加藤文元《ふみはる》さんは数学者で、望月さんと親しいうえに、非常に筆力が優れています。だから何とか私も読み進めることができました。

理論は完全には理解できなくとも、これらの理論が持つ意味を理解することはできます。

その理論の基本的な考え方はどういうものか？　それが意味するものは？　そういうことを理解するのが大事だということです。

❖「たし算」と「かけ算」を分けて計算する

結論を言えば、ＩＵＴ理論は従来の数学と全く違うものです。常識を根底からくつがえす「パラダイムシフト」なのです。

私たちが習ってきた数学というのは、たし算とかけ算がセットになっている世界です。四則演算の法則を習いましたね。たし算とかけ算があったら、かけ算から先に計算するとか、（ ）の中を先に計算するとか。加減乗除が組み合わさっていることで、私たちはいろんな計算ができるわけです。

ところが望月先生の考えは、たし算とかけ算を分離する、というものです。

当然ですが、この奇想天外な発想と理論は、多くの数学者たちから反発や懐疑を向けられることになります。

望月さんによって名付けられた宇宙際タイヒミュラー（ＩＵＴ）理論ですが、タイヒミュラーは数学者で、「タイヒミュラー変換の理論」を作った人だそうです。「宇宙際」っていうのがちょっとわかりづらいですね。宇宙と宇宙を行き来するということなんですけど、宇宙というのは一種の「系」だと考えてください。

望月さんは数学のこれまでの常識を破り、「たし算の系」と「かけ算の系」、２つの世界（宇宙）を分けてしまう。そしてそれぞれで計算し、それをもう一度変換してくっつけるという作業をするそうです。

その変換するときに使うのが「タイヒミュラー理論」だそうで、「系」と「系」を行き来し、変換して統合する。

つまり、今ある数学とは別の数学を作り上げた。いわば私たちがいるこの宇宙とは別の宇宙を見つけたようなもので、これはとんでもなく画期的だということです。

❖数学そのものを根底から覆す発見

ＩＵＴ理論がやろうとしていることは何か？

簡単にまとめるならば、今までの数学がすべてひとつの舞台の上で研究されてきたのに対して、これまでとはまったく異なる数学の舞台を新たに設定して、それぞれの舞台で計算した結果を、再び統合して復元する。

ただし復元したときに多少の誤差や違いが出るので、そこは定量的に変換して修正するということです。

「つまり、IUT理論が、その基礎にもっているキーワードは、／伝達・復元・ひずみ／の三つの言葉ということになります」

絶対的に正しいと思われていた概念が相対化されていく過程、それが理論の進化なわけです。

望月さんは、数学自体を相対化してしまった。今までの数学の世界よりも広い概念、たし算とかけ算が別の数学の世界をつくり、現在の数学の「系」を、より大きな「系」で包含したわけです。

イチロー選手を知らない日本人はいませんよね。

望月新一教授の名前も知らないとなると、同じ日本人として恥ずかしい。数学の歴史そのものを変えていくほどの理論を作っている望月新一教授と、その仕事を知ろうじゃないか、ということです。

日本や欧米とは違う世界観で「孤独」を見つめる

――『百年の孤独』を読み解く

（G・ガルシア＝マルケス著 鼓直訳 新潮社）

❖「南米」を解放する文学

有名な小説ですから、一生のうちのどこかで、読んでおいたほうがいい作品です。たとえ読み切れなくても、本棚に置いておくと、それだけで雰囲気が変わります。

作者のガルシア＝マルケスは**マジック・リアリズム**（**魔術的リアリズム**）の旗手。幻想文学とも呼ばれる、奇怪で幻想的な世界観を持つ独特の作風です。

1967年に発表され、世界中で3000万部を超えるヒットとなり、1982年、ノーベル文学賞を受賞しました。

マルケスは南米コロンビア出身の作家ですが、自分の一族の100年間にわたる物語を書こうと思った。17歳で構想を思いつき、20年近く温め続けました。

ある日、おばあさんの空想を交えたような語りで書けばいける！　と気が付いてから、1

年半タイプライターを打ちまくって一気に仕上げたそうです。

小説の舞台は、マコンドという名のバナナ・プランテーション。ガルシア＝マルケスが子ども時代を祖父母に預けられて過ごした、コロンビアの小都市アラカタカがモデルです。祖父はコロンビアの内乱での戦争体験を聞かせてくれました。それが少年の空想力に火をつけた。祖母は土地や家にまつわる奇怪で怖ろしい話を少年に話して聞かせた。それが南米の土俗的な世界観に目覚めさせました。

そこに少年時代に起きた様々な事件、出来事の記憶が合わさり、彼の中でひとつの大きく幻想的な絵巻物になっていったんですね。


ブエンディア家5代にわたる１００年の物語は、そのままガルシア＝マルケスと一族のルーツの話でもあります。

内乱、革命という激動と、魔術的、幻想的な風土を描くことで、西欧に抑圧されてきた南米の歴史と独自性を認識させたのです。

１９６０年代の革命的な思想や文化と相まって、この小説は当時の人々に熱狂的に受け入れられ、ラテンアメリカブームにおける巨星となります。

冒頭にブエンディア家の家系図があります。でも、アルカディオとかアウレリャノとか同じ名前が何度も出てきて、何がなんだかわからない。女性にはウルスラという母なる存在がいて、男の方はわけのわからないことをやり続ける一族です。その延々100年の物語。

そして100年の間、それぞれが孤独を抱えて生きている。

ホセ・アルカディオ・ブエンディアは実験室にこもり、錬金術を繰り返します。奥さんのウルスラが貯めた金貨を溶かして台無しにしたり、ジプシーにそそのかされて天体を研究したり、兵器の実験で火事を起こしそうになったり……。

ホセ・アルカディオだけでなく、この物語に登場するブエンディア家の男性たちは、みな何かに取りつかれたように没頭し、おかしな言動をとり続けます。一見すると確かに孤独な人生ですが、自分の世界の中で生きているとも言えます。

❖夢のような世界

読んでいる間は、不思議な世界に入れます。

1日や2日で読むのではなくて、2〜3カ月ぐらいかけながら少しずつ読むと、読んでいる時間は半分夢の中のような楽しさがあります。

夜寝る前に『百年の孤独』を読むと、瞬く間に眠れます。つまらないという意味ではなく、面白いのですが、幻想的で夢の中のような世界ですから、そのまま眠りに入っていくというわけです。

ホセ・アルカディオは、その他の男たちと共にマコンドの町をつくったのですが、文明との接点を求めて町全体の移住を決意します。しかし誰もついてくる者がいない。ウルスラにも拒絶された彼は、記憶の旅に出ることを決意します。

❖性に早熟だったマルケス

ホセ・アルカディオ・ブエンディアの息子の名前もホセ・アルカディオです。だから注意して読まないと混乱してしまいます。

その14歳になる息子は、家に出入りする商売女に誘惑されます。

「その腋《わき》から発散して彼の肌にも染みついた臭いにつられて、ホセ・アルカディオはひと晩じゅう女を追いまわした。かたときもそばを離れたがらなかった。母親になってくれ、と頼んだ。穀物部屋を出たくない、とも言った」

それから毎晩のように女の元へ通うようになります。

ガルシア＝マルケスの伝記によれば、彼が初めて女性を知ったのは13歳のとき。相手は娼婦だったということです。

15歳のときには水先案内人の妻に誘惑されたり、警官の妻とベッドにいるところを見つかり、ロシアン・ルーレットをさせられたりしたそうです。

そんな早熟で奔放な遍歴が、そのまま作品に生かされているといえるでしょう。

全編を通して、**諦念から生まれた驚くべき辛抱強さで、世代を超えて誰もが同じことをずっと反復している姿が描かれています。**

金細工のような、同じ作業を何時間もする。

同じ話をし続ける。

考えてみると、人生というのは反復によってできているとも言えます。時間の流れ方、リズムが今の日本とはかけ離れている。そこも読みどころです。

孤独の壁を感じている人は、１００年ものあいだ孤独の中にいる人たちを読むことで、勇気づけられるかもしれません。

そして、家族や国の文化、歴史というルーツを辿ることで見えてくるものがある。そういうことを教えてくれる貴重な作品です。

世界が抱える「どうしようもない現実」を小説で知る

――『ザ・カルテル』(上・下)を読み解く

(ドン・ウィンズロウ著 峯村利哉訳 角川文庫)

❖永遠に続く闘い

『犬の力』(角川文庫)の続編です。

『ザ・ボーダー』と合わせて、いずれも全編、麻薬戦争の話です。麻薬組織と取締局、『24』のジャック・バウアー的な人物が、麻薬王アダン・バレーラと戦い続けます。

米国では、刑務所に入っている服役者の半分が薬物関係といいますから、国家としては大変な状態です。中南米、とくにメキシコからどんどん流入し続けている。

もし日本が地続きで大量に密輸できていたら、日本じゅうがすでに汚染されていることになりますが、米国ではそれが現実に起こってしまっているのです。

メキシコの麻薬王が政府を抱き込んだり、マスコミを脅して、すべてを支配していくさまが克明に描かれています。

実話を元に描かれているので、小説としてもルポルタージュとしても読めます。

これを1カ月とか2カ月続けて読んでると、ああ日本はまだ平和だ、とホッとするはずです。

拷問の話が出てきます。


「わたしの部下は知っている。（中略）賄賂を受け取ったら、逮捕も裁判も服役もない。砂漠に消えるだけだと」


ボスを殺しても、また次のボスになる者が出てくる、とめどなさ。それと戦い続けなければいけない終わりなき物語。

米国というのは、こういうことがしょっちゅう国中で起こっているという現実と闘わざるを得ない状態になっているわけです。作り話ではなく、現実なのです。

セリフも切れ味が良く、バランスがいい。

上巻、下巻に1カ月ずつかけたとして、3部作、計6冊で6カ月は楽しめます。現代人の退屈の壁をなくしてくれ、そして今の日本に生まれて良かったと思える作品です。

最高の知性が書いた英文を読む

——『英文標準問題精講』を読み解く

（原仙作著 中原道喜補訂 旺文社）

❖世界の最高の知性に触れる

50代の半ば以上の人は、懐かしく感じる人もいるのでは？

大学受験の英語問題集の定番でした。当時を思い出して、ふたたび開いてみるのもいいものです。


この問題集の良さのひとつは、英文の構造を図解していることです。

もうひとつは、一流の人の文章が紹介されていること。

バートランド・ラッセル「怠惰のすすめ」を音読してみると、ラッセルの英語は美しい。

私も高校時代に感心したものです。


「自分は真理の大海の前で、遊ぶ子供に過ぎない」

人類の知性の代表的存在であるニュートンの文章です。

ヘミングウェイの文章なども、普段なかなか英語で読むことはありませんが、一文でも触れておきたい魅力があります。

英語圏における最高の知識人たち、最高の書き手たちの文章がふんだんに集められている。こんなぜいたくな問題集はおそらくないでしょう。


今の教育は、読むよりも話す方に力を入れているようです。しかし、英語を学ぶ大きな喜びは、最高の文章を読むことにあると私は考えます。

一番きれいな英文、魅力と知性のある英文で学ぶ。

「読むと頭が良くなる英語」です。

最高の知性が書いている英語を理解できれば、それはもう頭が良くなっているわけです。

世界的な文学者はもちろん、哲学者や科学者の文章がどんどん出てきます。

英語の構造を意識することによって、日本語もしっかりしてきます。

訳をしっかり書くと、日本語の表現力も向上する。

その意味で、本書は英文読解の古典であり、これ自体が名作です。

「難しい本」、「わからない本」にも読み方がある

――『造形思考』（上・下）を読み解く

（パウル・クレー著　土方定一・菊盛英夫・坂崎乙郎訳　ちくま学芸文庫）

❖なぜか楽しく読める

私が学生時代に好きだった本のひとつが、**『造形思考』**です。

クレーは20世紀前半に活躍したスイスの画家です。キュビズムやシュールレアリズム、表現主義といった絵画の新潮流が、それまでの印象主義に代わって興ってきた時代です。その影響を受けながらも、クレーはいずれにも属さない、独自の世界を描き続けました。

若い頃から非常に才能とセンスに溢れた人だったようです。

音楽教師だった両親に育てられた彼は、11歳でバイオリン奏者としてオーケストラに在籍するほどの腕前でした。絵画はもちろん文学にも造詣が深く、小説や詩などを書き、日記に膨大な創作の試作を書き記しています。

音楽、絵画、文学。いずれの女神にも微笑まれたというらやましい限りの人物ですが、

結局、迷った末に絵の道に進んだようです。そしてセザンヌやゴッホから影響を受け、カンディンスキーなど時代の寵児と交流する中で、次第に頭角を現していきました。

そんな彼の著作である『造形思考』は、まさに天才芸術家のほとばしりが随所にきらめいていて、理解超越のオンパレードです！

冒頭の「永遠の博物史」の「宇宙―カオス」は、以下のように始まります。

「対立概念としてのカオスは、本来の、本当に真実のカオスではなく、宇宙という概念に対して区域的に規定された概念である」

「この『非概念』である真のカオスを現わす、造形的象徴は、真に点でない点、いわば数学的な点にある。無に近いあるもの、あるいは存在するかもしれぬ無は、もともと対立概念をもたぬ非概念的な概念なのである」

いやはや、いきなり難解どころか理解されることを拒絶しているかのような哲学的な文章ですが、このような解説が延々と続くのに、なぜか面白い。

よく理解できないことも含めて面白いのは、つねにフリーハンドで描かれたクレーの絵や図形がたくさんあるからでしょう。パラパラとめくっているだけで楽しい。

❖線は点の緊張

読んでいくうちに、おぼろげながらクレーの主張が見えてくる気がします。

そのひとつは「すべての生成の根底には運動がある」ということです。

点から始まってすべてのフォルムの発生、すべての生成の根底には運動がある。点は原要素であるから宇宙的である。

「点と点との緊張を結べば、線が生れる」

クレーはドイツの建築、美術学校である「バウハウス」で教鞭を執っています。論文や講義のレベルが高すぎて、普通の人にはわからないような世界です。

クレーが言うには、形は運動の結果なんです。点が運動していく、それが線なんだと。

形を運動として考える。読んでいると、もはや物理の講義のように思えてきます。

シンメトリーでないバランスの均衡がある、ということや、色の置き方によって形が違ってもバランスが取れるという内容が出てきます。

とすれば、龍安寺《りょうあんじ》の石庭もアシンメトリーのバランスと言えそうです。バラバラだが均衡が取れている。クレーが見たら、評価したのではないでしょうか。

芸術にはたしかに美的感覚も必要ですが、同時にそれは非常に知的な作業でもあります。芸術を知的に捉えるには最高のテキストでしょう。

❖わからないことを楽しむ力

今、世の中ではわかりやすいものに人気があります。

わからないと不安になる。だからわかりやすいものに飛びつく。しかし、それでは世界がずいぶん狭くなってしまうのではないでしょうか。

「わからない」ということにビビらない。20ページにひとつぐらいわかる言葉があればラッキー！　という勢いでどんどん進む。わからない、わからない、わからない、これはわかった！　ぐらいの本の読み方があってもいい。

むしろ、わからないことを楽しむ知的な余裕が欲しいものです。

世界最高峰の芸術家の論理など、そう簡単にわかる方がおかしい。

それくらいに考えて、本書を読むといいでしょう。芸術を通じて世界の見方が変わり、広がるはずです。

おわりに

これからも私たちは、それぞれの課題を抱えながら、変わり続ける社会や世界に向き合って生きていかなくてはなりません。

この本で紹介するすべての本も、課題を抱えています。

「壁」と闘っているんです、それぞれの本が。

相手は常識の壁かもしれない。組織や世間という壁かもしれないし、虚無感という内なる壁かもしれない。そういったものと格闘し、もがきながら乗り越えた名著ばかりです。

どうもがいたかを感じ取っていただくと、いま私たちが置かれている、それぞれに簡単ではない状況に立ち向かうヒントになります。

自分ひとりで闘うのはつらいものです。

しかし偉大な先人もみんな闘っているんだということを、読書を通じて学ぶことができると、ひとりではないんだということがリアルに実感としてわかります。

そうすると、力が出てくるんですね。推進力を得ることができます。

知的刺激を推進力にして生きていくと、見える景色が変わってくると思います。


私たちの時代だけが大変なわけではありません。

いろんなことを知り教養を身につけることによって、落ち着いて人間らしい人生を歩いていける。読書は、私たちのこれからの人生の強力な援軍となってくれるのです。


先の見えない時代ではありますが、なんとなく虚しくなって落ち込んでしまうのか、それとも1年後、5年後、10年後に、

「あの頃が転機だった」

と思えるように、読書と教養の世界に旅立つか。

旅立てば、
こんな人たちに出会えた
こんな素晴らしいものを知ることができた
……きっと、そう感じていただけると思います。

最後に、幕末の歌人である橘曙覧《たちばなのあけみ》の歌を。

「たのしみは　珍《めずら》しき書《ふみ》　人にかり　始め一《ひと》ひら　ひろげたる時」
「たのしみは　そぞろ読みゆく　書《ふみ》の中《うち》に　我とひとしき　人をみし時」
「たのしみは　世に解《と》きがたく　する書《ふみ》の　心をひとり　さとり得《え》し時」
（『橘曙覧全歌集』岩波文庫）

この本が世に出るにあたって、本間大樹さんと、青春出版社の村松基宏さんから大きなご助力を頂きました。ありがとうございました。

令和2年8月15日

齋藤　孝

青春新書
INTELLIGENCE

こころ涌き立つ「知」の冒険

いまを生きる

"青春新書"は昭和三一年に——若い日に常にあなたの心の友として、その糧となり実になる多様な知恵が、生きる指標として勇気と力になり、すぐに役立つ——をモットーに創刊された。

そして昭和三八年、新しい時代の気運の中で、新書"プレイブックス"にその役目のバトンを渡した。「人生を自由自在に活動《プレイ》する」のキャッチコピーのもと——すべてのうっ積を吹きとばし、自由闊達な活動力を培養し、勇気と自信を生み出す最も楽しいシリーズ——となった。

いまや、私たちはバブル経済崩壊後の混沌とした価値観のただ中にいる。その価値観は常に未曾有の変貌を見せ、社会は少子高齢化し、地球規模の環境問題等は解決の兆しを見せない。私たちはあらゆる不安と懐疑に対峙している。

本シリーズ"青春新書インテリジェンス"はまさに、この時代の欲求によってプレイブックスから分化・刊行された。それは即ち、「心の中に自らの青春の輝きを失わない旺盛な知力、活力への欲求」に他ならない。応えるべきキャッチコピーは「こころ涌き立つ"知"の冒険」である。

予測のつかない時代にあって、一人ひとりの足元を照らし出すシリーズでありたいと願う。青春出版社は本年創業五〇周年を迎えた。これはひとえに長年に亘る多くの読者の熱いご支持の賜物である。社員一同深く感謝し、より一層世の中に希望と勇気の明るい光を放つ書籍を出版すべく、鋭意志すものである。

平成一七年　　刊行者　小澤源太郎

著者紹介
齋藤　孝〈さいとう たかし〉
1960年静岡県生まれ。東京大学法学部卒業後、同大大学院教育学研究科博士課程等を経て、明治大学文学部教授。専門は教育学、身体論、コミュニケーション論。ベストセラー作家、文化人として多くのメディアに登場。著書多数。著書に『ネット断ち』、『人生は「2周目」からがおもしろい』(青春新書インテリジェンス)、『声に出して読みたい日本語』(草思社)、『語彙力こそが教養である』(KADOKAWA)、『「一生サビない脳」をつくる生活習慣35』(ビジネス社)等がある。著書発行部数は1000万部を超える。NHK Eテレ「にほんごであそぼ」総合指導を務める。

何《なん》のために本《ほん》を読《よ》むのか

青春新書
INTELLIGENCE

2020年9月15日　第1刷

著　者　齋《さい》藤《とう》　孝《たかし》

発行者　小澤源太郎

責任編集　株式会社プライム涌光
電話　編集部　03(3203)2850

発行所　東京都新宿区若松町12番1号 〒162-0056　株式会社青春出版社
電話　営業部　03(3207)1916　振替番号　00190-7-98602

印刷・中央精版印刷　製本・ナショナル製本

ISBN978-4-413-04601-5